19世紀ポーランド社会経済史

ウッジにおける企業家と近代社会の形成

藤井和夫
Fujii Kazuo

関西学院大学出版会

19 世紀ポーランド社会経済史
ウッジにおける企業家と近代社会の形成

はしがき

　ポーランドは2018年に「独立回復100周年」を迎えた。「独立記念」はどの国においても制定される、いわば普通の記念日であるが、「独立回復」という記念日をもつ国は、そう多くはないであろう。「独立」にも「独立回復」にも、そこに、大きな国境の変更、少数民族の問題、周辺諸国との関係の問題等々さまざまな要素があり、さまざまな視点があり得るのは承知のうえで、はっきりしているのは、ポーランドの場合、1918年に独立を回復するまでの123年間、地図の上に明確な国家は存在しなかったということである。つまり、本書で論じようとしているのは、民族国家の存在が中断し、その間、通常の意味での国家をもたない社会であった「19世紀のポーランド」の社会経済史である。

　19世紀のポーランドでは、近隣列強ロシア・プロイセン・オーストリアの分割併合による民族国家の消滅というきわめて特殊な政治的環境のもとに、社会の近代化と工業化が進行した。なぜ工業化が可能であったのかについては、前著『ポーランド近代経済史──ポーランド王国における繊維工業の発展（1815-1914年）』（日本評論社 1989年）で論じた。ロシア領ポーランド（ポーランド王国）において、繊維工業を中心として近代工業の成立と発展がみられ、そしてその主な要因は初期ポーランド王国政府の主体的な働きかけと、それを受けて開始された企業家たちの活発な経済活動、そして彼らに活躍の場を与えることになった内外の市場環境の変化であった。それらすべての舞台になったのが新興都市のウッジであり、ウッジ繊維工業地帯である。

　たとえ政治上の国家がなくとも、住人が存在する限り、そこに土地が拡がり、日常のくらしが展開し、人と人との関係ができてくる。ウッジのように、新たに人が集まり住んで、巨大な都市が誕生することもある。ウッジは、どのような都市であったのだろうか。なぜこの都市は、これほど特殊な環境のもとで繊維工業を発展させる舞台となり得たのだろうか。その

ことを考えていくと、この都市が、19世紀のポーランド社会全体の中で、きわめて特徴的な、そして重要な意味をもっていたことに気づく。それは、伝統的なポーランド社会には欠けていた近代産業を勃興させるダイナミズムを生み出した町であった。しかも、ポーランド社会が本来もっていた民族的、文化的な多元性を生かしてそれを実現している。ではそれは具体的にはどのようなプロセスであったのだろうか。

　本書が注目するのは、そのウッジ繊維工業の担い手となった企業家たちである。その純粋に利潤追求をめざした経営内容の詳細を追求するよりも、国民国家不在の中での近代社会形成の担い手として彼らを見たために、本来の意味での経営史あるいは経済史の分析としては不十分のそしりを免れないかもしれないが、特殊な環境のもとで、彼らがどのようにその企業家精神と能力を発揮したか、特殊な環境はどのように彼らの活動を助け、あるいは妨げたか、そのような視点から経済活動を通して重要な歴史の担い手となった企業家たちの姿を明らかにすることによって、ウッジという都市が19世紀のポーランドにおける近代社会形成の重要なモデルとなっていたことが明らかになるであろう。

　ここで、以下の各章の骨格となった論文の出所を示しておきたい。もともとの論文はそれぞれ独立した異なったテーマで書かれたために、本書の一部とするにあたって大なり小なり記述を改めた。中には原形をとどめないほどに書き変えたものもある。

序　章：（学会発表）「ポーランドにおける企業家史研究 ——その特質と意義」（2013年10月27日第49回経営史学会全国大会パネル報告『経営史学』49巻1号）、および「19世紀ポーランドの企業家をめぐって——19世紀前半におけるウッジ繊維企業家の評価を中心に」中山昭吉・松川克彦編『ヨーロッパ史研究の新地平——ポーランドからのまなざし』昭和堂、2000年所収

第1章：「20世紀初頭におけるポーランド王国の経済社会」『関西学院大学経済学論究』44巻3号、1990年

第2章：「ポーランドにおけるユダヤ人問題の一局面」『関西学院大学人

権研究』創刊号、1998 年
第 3 章：「19 世紀の工業都市ウッジにおける民族的共生」『関西学院大学人権研究』6 号、2002 年
第 4 章：「19 世紀ポーランドの企業家をめぐって —— 19 世紀前半におけるウッジ繊維企業家の評価を中心に」中山昭吉・松川克彦編『ヨーロッパ史研究の新地平 —— ポーランドからのまなざし』昭和堂、2000 年所収
第 5 章：「ポーランド王国における繊維企業の成立 —— L. Geyer の場合」『関西学院大学商学論究』36 巻 2 号、1988 年
第 6 章：「19 世紀ポーランドの工業都市ウッジにおけるユダヤ人」『関西学院大学経済学論究』71 巻 4 号、2018 年
第 7 章：「19 世紀ポーランドにおける工業労働者の形成 ——ウッジ繊維企業の労働者」『関西学院大学経済学論究』63 巻 3 号、2009 年
第 8 章：「19 世紀後半ポーランドのインフラ整備と企業家 ——ウッジ市における市電開設を中心に」『関西学院大学経済学論究』58 巻 3 号、2004 年
第 9 章：「19 世紀ポーランドにおけるドイツ人企業家の社会活動 ——ウッジ繊維企業家の事例」『関西学院大学経済学論究』68 巻 3 号、2014 年、および「19 世紀ポーランドの工業都市ウッジにおけるユダヤ人」『関西学院大学経済学論究』71 巻 4 号、2018 年

　本書を刊行するにあたって、初心に返る、原点回帰という思いが強い。継続した研究であるはずなのに、前著の刊行から 30 年の月日が経ってしまった。その間、本書のテーマはつねに筆者の念頭にあり、経済史・経営史研究を導いてくださった柚木学先生と北村次一先生のご指導の下に研究は続けられていたが、成果の乏しさと遅延はひとえに筆者の無能と怠惰のせいである。それでも断続的ながら研究を続けることができたのは、今は亡きお 2 人の先生のアドヴァイスとともに、経済史・経営史やポーランド史の研究者仲間との実り多い交流のおかげであった。昨今の研究者、大学教員を取り巻く厳しい環境を思うにつけ、つくづく自身の恵まれた研究生

活の幸せを思い、ご厚誼、交誼を賜った皆様に深く感謝を申し上げたい。そして本書の原稿をまとめているとき、生き生きと蘇ってきたのは40年前の留学時代にユゼフ・シミャウォフスキ Józef Śmiałowski 先生と交わしたさまざまな議論であった。思えば本書のテーマの重要性と面白さを最初に気づかせてくださったのも同先生であり、今は亡き先生のつねにユーモアを交えながらも鋭くポイントを突くコメントと温かい人柄の思い出とともに、その学恩に対してあらためて心から感謝を申し上げたいと思う。

　本書は38年間勤務した関西学院大学経済学部の研究叢書の1冊として刊行することができた。ご理解とご協力を賜った前田高志前学部長と豊原法彦現学部長をはじめ、長年にわたって親しく研究と教育の現場を共にしてきた学部の同僚の皆様、植田事務長と学部事務室の皆様に感謝申し上げる。また、本書の刊行と筆者の退職が重なったために執筆・校正作業が大幅に遅れ、関西学院大学出版会の田中直哉氏と浅香雅代氏、戸坂美果氏には大変なご迷惑をおかけしてしまった。皆様の忍耐とご協力にも深く感謝申し上げたい。

　最後に、つねに筆者の研究生活を支え続けてくれている家族に、心からの感謝を込めて本書をささげたい。

　　　令和元年6月

　　　　　　　　　　　　　　　　　　　　　　　　　　藤 井　和 夫

目次

はしがき　iii

序章　ポーランドにおける企業家史研究（回顧）　1

はじめに　1
1　社会主義時代の研究　2
2　ポーランドにおける「企業家」のイメージ　5

第Ⅰ部　19世紀ポーランドの経済社会 ………… 13

第1章　19世紀末ポーランド王国の人口と民族構成　15

はじめに　15
1　19世紀のポーランド　16
2　ポーランド王国の総人口　20
3　都市化　23
4　宗教別人口・民族別人口　27
5　職業別人口　31
6　人口からみたポーランド王国　34

第2章　多民族社会としての19世紀ポーランド　39
　　　　　ワルシャワのユダヤ人

はじめに　39
1　近代ポーランドの民族的課題とユダヤ人　40
2　19世紀のワルシャワにおけるユダヤ人　45
3　ユダヤ人の経済活動とその評価　50
4　ポーランド近代社会とワルシャワのユダヤ人　55

第3章　多民族社会ポーランドとウッジ　59

　はじめに　59
　1　ウッジ繊維工業の発展と人口増加　60
　2　ウッジ市の発展と各民族人口の増大　63
　3　各民族の職業別構成　70
　4　「ウッジ人」の「小さな祖国」と3つの民族　74

第Ⅱ部　繊維工業の発展——企業家と労働者 ……… 83

第4章　19世紀ウッジの企業家像　85

　はじめに　85
　1　工業化初期の企業家像　86
　2　19世紀前半におけるウッジ繊維企業家の実像　91
　3　初期ウッジ繊維企業家の評価　97

第5章　ウッジ繊維工業の発展における政府と企業家　107
　　　　L. Geyer の場合

　はじめに　107
　1　工業育成政策とガイエル　108
　2　ガイエルのウッジへの移住　110
　3　ガイエルの経営とその発展　112
　4　政府と企業家　115

第6章　繊維工業の発展とユダヤ人企業家　119

　はじめに　119
　1　ユダヤ人のウッジへの移住　120
　2　ウッジにおけるユダヤ人人口の増加　123
　3　ウッジにおけるユダヤ人企業家の誕生　126
　　　　—— I. K. ポズナンスキ
　4　ウッジ繊維工業発展におけるユダヤ人の役割　130
　5　ウッジのユダヤ人企業家　133

第7章 ウッジ繊維工業の労働者　137

はじめに　137
1　ウッジ繊維工業労働者数の増加　138
2　ウッジ繊維工業労働者の出自　143
3　農村からの労働者流入のプロセス　147
4　農村からの労働者流入の経済的背景　151
5　近代社会の形成と労働者　153

第Ⅲ部　ウッジ近代社会の形成と企業家……159

第8章　ウッジのインフラ整備と企業家　161

はじめに　161
1　19世紀後半におけるウッジ市内の交通事情　162
2　繊維企業家 ユリウシュ・クニツェル　166
3　クニツェルの社会事業　170
4　被支配国ポーランドにおける「ウッジ人」企業家　174

第9章　ウッジ近代社会の形成と企業家　179

はじめに　179
1　19世紀のポーランド社会とウッジのドイツ人企業家　180
2　ドイツ人企業家による社会的・文化的活動　183
3　ユダヤ人企業家による社会的・文化的活動　187
4　企業家の活動とポーランド社会の近代化　189

結語　193

参考文献　195
人名索引　201
事項索引　205

序章

ポーランドにおける企業家史研究（回顧）

はじめに

　本章では、まず、これまでのポーランドにおける経済史・経営史研究がどのような状況にあったのかを簡単に振り返ってみたい。というのも、そのポーランドの研究状況が、結局筆者の研究関心の成り立ちに大きく関係していたと感じられるからである。そのうえで、その研究環境の中で、ポーランドにおいて企業家たちがどのようなイメージでとらえられていたのかを検討してみたい。

　1970年代末に、19世紀のウッジ繊維工業の研究のためにポーランドに留学した筆者は、当時のポーランドで主流となっていた研究状況に1つの批判的な眼をもって研究を開始せざるを得なかった。筆者が所属したウッジ大学歴史学研究所では、地方史を中心に実証的な経済史研究が積み重ねられていたが、彼らはその研究成果を本にすることがなかなか困難であることに悩まされていた。社会主義国ポーランドの国営出版社を通して一般に公刊される研究書には、たしかにある種の偏りが感じられ、社会主義イデオロギーの確認・強化に直結することを求められていることは明らかであった。そうした研究環境だからこそ、そこに当時日本で活発に行われていた経済史・経営史研究の視点を持ち込むことは、外国人研究者である筆者が、ポーランドの経済史・経営史に貢献できるおそらく唯一の道であるように思われた。とりわけ経営史で盛んになりつつあった企業家史の問題

意識は、ポーランド史における企業家の評価に別の視点からの分析を提供すると考えられた。こうしておのずと筆者の研究関心は、19世紀ポーランドの企業家たちに中心が置かれるようになっていったのである。

ところがその後、ポーランドの政治体制と社会の大きな変化を背景として、研究者の関心も大きく変わることになり、筆者が外部から新しい視点として持ち込もうとしていた問題関心は、ポーランドの研究者自身の内部から発する問題意識に共通するものになっていた。その後は、企業家そのものに強い関心をもつさまざまな研究が続々と発表されるようになり、企業家の活動やその歴史的評価も次第に変わっていくことになったのである。

以下に、ポーランドの経済史・経営史が社会主義時代にどのような状況にあったのかを、特に企業家をめぐる問題意識のあり方を中心に概観してみよう。ただし、研究史として当時の学問の成果を包括的に振り返る能力と余裕はないので、筆者の関心に近い研究がどのように行われていたのかを素描するにとどめたい。

1　社会主義時代の研究

1970年代後半、社会主義体制にあったポーランドでは、経済史は比較的活発な研究分野であり、主流としての政治的イデオロギーの影響を強く受けた研究と並んで、イデオロギーにほとんどとらわれない実証的な研究もかなり幅広く行われていた。一方で、経営史という学問分野は、少なくとも大学における講座というような形ではまったく見られないものであった。

経済史研究は、方法論的にも実証の分野でも高いレベルの成果を生み出していたが、それらの研究の中で企業や企業家の歴史的分析は、マルクス的な視点を前提とした一部の都市ブルジョアジーの研究に見られるように、資本家階級とその私的営利活動として批判的な視点から考察の対象にされることはあっても、歴史における主要な意味のある行為主体として研究対象とされることはまずなかった。当時の19世紀ウッジ繊維工業に関

する実証研究を代表するグリゼルダ・ミサロヴァ Gryzelda Missalowa の三部作では、個々の企業自体の研究はかろうじて第 3 巻の Burżuazja（ブルジョアジー）の中で資本蓄積の次に窮屈な場所を得ていたにすぎない。[1]それは、国営の出版社から続々と刊行されていた多様な内容を含む労働者階級の歴史分析とは、きわめて対照的な現象であった。

　一方、実証研究に不可欠な史料集の刊行も熱心に進められていたが、取り上げる史料の種類にもイデオロギー補強の観点が働いていることがうかがわれた。個々の企業および経営者に関する実証研究は、次々に公刊されるそうした史料集とはやや離れたところで、地方史的あるいは社会史的な視点から目立たない形で、個別に進められていた。今から振り返れば、新しい世代に引き継がれながら、そうとは明示しないままに企業家史研究が進められていたといえるかもしれない。しかしそれらの成果は、当時の研究で主流的な位置にあったマクロの視点からの社会経済史に反映されることはなかった。政治体制の歴史的な変化に重点を置く主流の研究は、民族国家回復をゴールとする国家史・国民史の、社会主義体制の確立をゴールとする国家史・国民史への見直しを意図したもので、19 世紀の企業家の活動に負の評価しか与えられようがなかったからである。

　そうした中で、ステファニア・コヴァルスカ゠グリクマン Stefania Kowalska-Glikman が編集した 3 巻の *Drobnomieszczaństwo, XIX I XX wieku*（19, 20 世紀の小市民層　1984 年、1988 年、1992 年）[2]は、都市の商人や手工業者に関する社会経済史的な研究書としてユニークな論文集であったが、都市住民の文化的、経済的役割に触れてはいても、全体として近代社会の中の企業家の役割を積極的に評価しようという意図を感じさせる論文はなかった。しかし、このような論文集が体制転換前の社会主義時代に企画されたこと自体が、研究者や一般市民の間で 19 世紀以来の都市の商人や経営者に対して「ブルジョアジー」という階級的視点とは別の関心がもたれていたことを示していた。

　また、当時のいわゆるブルジョアジーの研究という枠組みの中ではあったが、リシャルド・コウォジェイチク Ryszard Kołodziejczyk が 19 世紀にワルシャワを中心に大規模なビジネスを行った大商人や銀行家の研究を精

力的に行っていた。*Kształtowanie się burżuazji polskiej*（ポーランドにおけるブルジョアジーの形成 1955 年）に始まるその研究は、19 世紀半ばのワルシャワ―ウィーン鉄道の開設にかかわったスタインケラー Piotr Steinkeller やブロック Jan Bloch のような工業家・銀行家の個別研究を行うとともに、1962 年の *Bohaterowie nieromantyczni: o pionierach kapitalizmu w Królestwie Polskim*（ロマン主義的ではない英雄たち――ポーランド王国資本主義のパイオニア）という本のタイトルが示すように、19 世紀のワルシャワの事業家・経営者たちをポーランドにおける資本主義成立の重要な担い手として評価しようとするものであり、1968 年の *Portret warszawskiego milionera*（ワルシャワ大富豪の自画像）などに見られるように企業家を個性豊かな歴史の主体として描こうという点も含めて、当時のポーランドにあってはユニークなものであった。

　他方で、歴史学（特に社会主義イデオロギーにおいて重視された経済史）を科学的な学問として確立しようとする方法論の研究も盛んに行われていた。1973 年の *Metodologia historii*（歴史学方法論）の後、*Marksizm i historia*（マルクス主義と歴史 1977 年）、*Rozumienie historii*（歴史の解釈 1978 年）、*Nowe idee współczesnej historiografii*（現代歴史研究の新しい理念 1980 年）、編著 *Świadomość historyczna Polaków: problemy i metody badawcze*（ポーランド人の歴史意識――問題と研究方法 1981 年）、*Prawda i model w historiografii*（歴史研究における真実とモデル 1982 年）、*Teoria wiedzy historycznej*（歴史知識の理論 1983 年）等の歴史学方法論の著作を次々に公にしていたイェジイ・トポルスキ Jerzy Topolski がその代表であるが、経済史の分野でいえば、何よりもヴィトルド・クラ Witold Kula（1916-88 年）による一連の研究をあげなければならない。*Historia gospodarcza Polski w dobie popowstaniowej 1864-1918*, Warszawa, 1947（1 月蜂起以後期のポーランド経済史）、*Kształtowanie się kapitalizmu w Polsce*, Warszawa, 1955（ポーランドにおける資本主義の形成）、*Szkice o manufakturach w Polsce XVIII wieku*, Warszawa, 1959（18 世紀ポーランドのマニュファクチュア概要）などの実証的な性格の研究に続いて、*Rozważania o historii*, Warszawa, 1958（歴史学についての考察）、*Teoria ekonomiczna ustroju feudalnego. Próba modelu（1962）*, Warszawa, 1962（封建体制の経済理論）、*Problemy i metody historii gospodarczej*, wyd. I, Warszawa, 1963（経済史の諸問題と方法）、*Miary i ludzie*, Warszawa, 1970（度量衡と民衆）、*Historia, zacofanie, rozwój*, Warszawa, 1983（歴史、後進性、発展）、*Wokół historii*, Warszawa, 1988（歴史をめぐって）などの方法論的、歴史理論的な性格の強い研究が発表された。彼の研究は外国語に翻訳され、1960年代末には「国際経済史協会」の会長職を務めるなど国際的にも高く評価された。しかし、筆者にとってはその研究は、イデオロギーの締め付けのもとでポーランドの近代社会の発展を担った生き生きした歴史の主体の姿を実証面から追求することに不自由を感じる研究者が、あえてその能力と研究への誠実さを自由な研究が可能な方法論の深化に向けたという側面があるような気がしてならなかった。

　1989年の体制転換をきっかけとして、こうした状況は大きく転換することになる。それ以前の、イデオロギーにとらわれない都市の小市民に関する実証研究と、社会史あるいは地域史の観点からの企業や経営者に関する歴史研究が、歴史の主要な研究テーマとして広く注目されることになった。2000年前後からは、一般読者層に向けて19世紀の企業家を紹介する書物が数多く出版される状況にもなっている。[3]一方で、体制転換にともなう民営化と諸産業の再活性化が大きな課題になる中で、企業組織や経営者能力について大きな関心が生まれていたが、そうした問題に関する本格的な経営史研究は、まだ緒に就いたばかりとの印象が強い。

2　ポーランドにおける「企業家」のイメージ

　さて、このような研究状況の中で、19世紀のポーランドの企業家についてはどのようなイメージが形成されてきたのであろうか。当時のポーランド経済史における企業家像について、かつて歴史家の中にあって企業家ないしは都市ブルジョア層の研究を精力的に続けてきた数少ない研究者のひとりである先述のコウォジェイチクによりながらさらに整理してみよ

う。前節でも述べたように、従来ポーランドにおいて、その企業家の研究は活発なものではなかった。なぜ企業家を含むブルジョアジーの問題に関心がもたれることが少なかったのかという理由について、彼は次のように説明している。

すなわち、社会主義時代のポーランドにおいては、ブルジョアジーは過去の歴史の中にだけ存在したものであって、そのマイナスの歴史的評価はすでに定まったものであったし、また実際の歴史的人物として取り上げられるべきブルジョアジーの数もわずかであった。西欧諸国のブルジョアジーに比べて、ポーランドを含む東中欧のブルジョアジーの形成は遅れていたし、自民族のロシア人商人が歴史の中である役割を果たしたロシアとその役割をもっぱらポーランド人ではなくユダヤ人が果たしたポーランド社会では、まったく歴史的な事情が異なっていた。戦間期になっても、ポーランド社会が関心を抱くのは中産的なブルジョアジーではなくて上層の人々の生活であり、新国家の経済的な課題についてもシュラフタ（ポーランドの貴族層）や地主層あるいは官僚への期待が語られ、経済発展の対等なパートナーであるはずの、多くはユダヤ人やドイツ人からなるブルジョアジーは、もっぱらそれらの人々との共存が課題にされるにとどまっていた。それどころかポーランドのブルジョアジーの構成が極端にユダヤ人やドイツ人に片寄っていたという事実が、むしろブルジョアジーに対する民族的・宗教的な偏見と敵意を呼び起こしたのであった。[4] それゆえポーランドでは、ブルジョアあるいは企業家の分析が歴史研究の重要課題とはなりにくかったというのである。

ところが、1989 年以降ポーランドの政治体制が大きく変わり、社会主義計画経済から急速な市場経済への移行が進展しているという事情を背景に、ポーランドにおける「企業家」の見直し作業が進められた。その１つの成果が同じコウォジェイチク編による *Image przedsiębiorcy gospodarczego w Polsce w XIX i XX wieku*（19 および 20 世紀ポーランドにおける企業家のイメージ 1993 年）であろう。そこではさまざまな形でポーランドの近代企業家のイメージが再点検されている。その中で編者のコウォジェイチクは、ポーランドにおける企業家の社会的評価と関心が西欧に比べてあまり

にも遅れていることに触れつつ、その研究がさらに進展し、研究成果を今日のポーランド社会が広く共有することの必要性を主張している。そのうえで彼はかねてからの主張と同様に、つい最近に至るまでのポーランドで、企業家のイメージはけっして芳しいものでなかったことをまず指摘する。

　コウォジェイチクによれば、共産主義が支配的イデオロギーであった時代のポーランドでは、「企業家」や「企業心」というものは、あたかも犯罪であるがごとくに、よくてもせいぜい大目に見て見逃されるという対象でしかなかった。かつてのポーランドに存在した西欧の企業家にあたる人々に対しても、「闇屋」とか「山師」といった批判的、否定的なイメージしかもたれていなかったのである。それはかつてそうであったというだけではなく、今日のポーランド人の意識の中にも、企業家に対する型にはまった、やや偏見をもった見方が見られる。たとえば、彼のこの論文が書かれた当時開催されたクラクフにおける「ポーランド人の自画像展」において、ポーランド民族における精神性、特にそのロマンティズムが見事に示される一方で、広い展示場の中に掲げられた代表的なポーランド人の肖像の中に、企業家の姿は、わずかにクローネンベルグ Leopold Kronenberg、ツェギェルスキ Hipolit Cegielski、シュチェパノフスキ Stanisław Szczepanowski の3名を見いだすのみであった。ポーランド人にとっては、ロマン主義的な精神性が何よりも重要で、正しい理念はつねに魂のない物的な力に勝るのであり、道徳的な精神にかかわる問題を無視することは許されない。国や教育の近代化と経済の発展こそが、分割の結果引き裂かれたポーランド民族の分裂を防ぐことができるという考えは捨て去られ、精神的な労働ばかりがつねに称揚されてきたのであった。

　しかしコウォジェイチクは、ポーランドの企業家をどのように理解し、歴史の中にどう位置づけるかという問題は、実はポーランドの文明とその社会の近代化をどう考えるかという問題にかかわってくるという点も合わせて指摘する。というのは、19世紀にポーランド社会が近代化しようとする時、それを唱導した担い手の多くは、実際には経済社会でパイオニアとして活動する企業家たちであったからである。彼はその例として、初期王

国政府（1815-30年）の経済政策や産業育成の指導者であったスターシツ Stanisław Staszic やルベツキ Franciszek Ksawery Drucki-Lubecki の支持を受けたオストロフスキ Ostrowski、レンビェリンスキ Rembielinski、ブラトシェフスキ Bratoszewski、スタジンスキ Starzynski、ズウォトニツキ Złotnicki、ヴォリツキ Wolicki、ゴストコフスキ Gostkowski、ザグルスキ Zagórski、クフィレツキ Kwilecki、ウゥビェンスキ Łubienski、ザモイスキ Zamoyski、サピェハ Sapieha、プルシャク Pruszak、マウァホフスキ Małachowski、リプスキ Lipski、ヴィエロポルスキ Wielopolski 等の人々の名を挙げている。彼は資本主義のパイオニアであるそれらの人々を「ロマン主義的ではない英雄たち」bohaterowie nieromantyczni と呼んで、19世紀の他の分野のロマン主義的な英雄たちと区別しようとした。コウォジェイチクにとっては、19世紀後半に自分のすべての財産をなげうって改革の情熱を燃やしたスタインケラー Piotr Steinkeller のような人物も、当然このような英雄の一員に加えられる[7]。

ところで、中核となってこの初期のポーランド王国の近代化をリードしたのは前述のスターシツやルベツキであり、1830年の蜂起後その役割を19世紀の半ばまで受け継いだのが「ポーランド銀行」Bank Polski の活動であった。ポーランド社会の近代化の中でとりわけ指導的な開明官僚であるスターシツやルベツキの役割を重視し、特に工業化に関心をもっていた大蔵大臣のルベツキを、当時のポーランド社会にとってまさに必要とされた人物であり、国家に最大の貢献をしたと高く評価する見方がある。それを全面的に受け入れるコウォジェイチクは、もしも彼らが引き起こした社会の変化がその後の政治的な状況の激変（1830-31年の反ロシア蜂起とその失敗、そしてロシアによる支配強化）に出会うことなく継続していたならば、ポーランドの企業家のイメージもまたまったく異なったものになっていたであろう、とまで言っている[8]。

コウォジェイチクによればポーランドの企業家の問題を考えるうえでさらに留意すべきことの1つは、19世紀のポーランドがなお田園的な世界であったという事実である。ポーランドでは商工業者ではなく地主や貴族層がいまだに経済活動をリードしており、工業化が待望されながらも相変わ

らず農業に最大の関心がもたれ、それらの人々は農業の中に社会の発展を展望しようとしていた。その農業社会の中に、19世紀の前半新しい動きが見え始めた。ポーランドはどこから見てもなお農業の国であったが、その未開の地域にポーランド銀行や個人の手によって鉱山や工場が建設され、新しい生活が開かれて利益を生まない活動から有利な稼ぎへと人々が移動し始めていたのである。しかし、そうは言っても、ポーランドの文化の中心は相変わらず田園的な要素が占めていた。そんなシュラフタ的・地主的な伝統が強く残っている田園文化の支配する社会の中では、民族の運命にこそ価値が置かれ、民族的なアイデンティティの維持と保存に社会の力が結集されようとしており、ここでいう企業家の評価などとるに足らぬ問題でしかなかった。[9]

　加えて、ポーランドの支配的な宗教はカトリックであり、マックス・ウェーバーの言うように資本主義の発展とプロテスタンティズムとに関連性を認めれば、カトリックのポーランドは資本主義の発展に適合的な地域ではないことになる。事実、ポーランドのこの100年の歴史の中で、実践重視の実証主義的な傾向をそこかしこで見いだすことは可能であるけれども、それが当時の社会の意識全体の中で支配的なものになることはなかった。西欧で広く論じられ価値を認められた「労働」「勤勉」「倹約」も、ポーランドの社会生活においてその価値が完全に認められることはなかったのである。コウォジェイチクはポーランド社会のメンタリティを示すものとしてこのことに留意するよう促している。[10]

　コウォジェイチクは、かつてポーランドでもたれていた企業家に対するマイナスのイメージを批判しつつ、ワルシャワの企業家たちにより積極的な歴史的意義を与えようとしているのである。みずから認めるように彼が実際にこれまで分析してきたのは、もっぱらワルシャワの多かれ少なかれポーランドに同化したユダヤ人企業家であるネヴァホヴィチ Leon Newachowicz、ブロック Jan Bloch そして前述のクローネンベルグやスタインケラーといった企業家たちであった。[11] ウッジや他の工業地域ではまた様相が異なっていたことを認めながら、上記のような文脈の中で、コウォジェイチクの眼は「19世紀ポーランドの企業家」のイメージをこれらワル

シャワの企業家グループの中に追い求めているのが特徴である。そして、彼らの中にポーランド社会の文化的な特徴であるロマン主義への共感と、それゆえのポーランド民族的要素への同化の進行と、国家独立という民族的課題への共鳴を抽出し、それを軸にこれらの企業家を評価しているように感じられる。ウッジの企業家を考察の中心的な対象とする筆者の目からみると、このコウォジェイチクの企業家評価は、まだ特殊ポーランド的な企業家像にとらえられすぎているように見えるのだが、その検討は後の章に譲ることにして、ここでは、社会主義時代のポーランドにおいて企業家の研究が活発ではなかった事情とその背景を、コウォジェイチクに従って以上のように把握しておこう。

ではわれわれは、19世紀ポーランドとその中の企業家をどのような新しい視点で見直すことが可能なのであろうか。筆者自身はかつて19世紀のポーランドにおける工業化を分析するにあたって、企業家の果たした役割に注目すべきであることを強調して次のように述べたことがある。まず、ロシア領ポーランド（ポーランド王国）において、先進工業国と比べれば量的・質的にささやかなものではあったが、その置かれた政治的・社会的・経済的条件を考えれば、まさに驚くべき成果が近代工業の成立と発展に見られたこと、そしてその主な要因が初期ポーランド王国政府の主体的な働きかけと、それを受けて開始された企業家たちの活発な経済活動、そして彼らに活躍の場を与えることになった内外の市場環境の変化であったこと、さらにその中心産業は繊維工業であり、工業化の中心地は新興のウッジ繊維工業地帯であったことを指摘した[12]。そのウッジ繊維工業の企業家について、筆者は大略次のように書いている。

> 19世紀ポーランドの資本主義発展の中核たる繊維工業の担い手がポーランド人ではなく、ほとんどドイツ系の企業家によって占められていることをもって、かつて一部のドイツ人史家の間で言われたように、それを"植民地的なポーランド資本主義の発展"ということはできない。逆に、ポーランドにおける工業化や企業家の特殊性を後進資本主義国に一般的な問題という脈絡の中でのみ把握しようという見方

も、ウッジの主な企業家の中にひとりとして純粋なポーランド人の姿を見いだすことができないという、少なくとも当時の他のヨーロッパ諸国には見られない事実1つからも説得力に欠ける。そして、19世紀のポーランドをひたすら後進国として捉え、もっぱらその"後進性"を析出する努力の中からは、たとえばその企業家について、ポーランドでは西欧諸国でいう「工業企業家」が広範に形成されることはなかったし、その役割や意義という点で西欧諸国から遙かに遅れたものでしかなかったという評価しか出てこない。それはポーランド王国の工業化とその担い手の企業家を正当に評価するものではありえない。[13]

さらに、「ポーランド王国の企業家についても、主体的・客観的な条件についてのバランスのとれた分析に基づいて、柔軟な視点に立って評価がなされなければならない。たしかに当時のポーランドにあっては、政治も経済もあらゆるものが民族独立の回復という文脈の中でそれぞれの位置づけ、意義が問われるという側面があった。その後のポーランドの歴史の中でも、民族独立の回復とその保証がつねに第一義的な国民的課題であったのは確かである。しかしだからといって、市場こそブルジョアジーにとって民族的裏切りの最初の学校であるとし、ポーランド分割によるロシア市場の確保にみずからの利益を見いだしていた繊維企業家たちの"反民族性"を問題として、もっぱらその観点のみから企業家を評価したり、ウッジの繊維企業家の特殊性を主張して、19世紀のポーランド企業家の中で例外扱いしようとするのは、ポーランド王国における工業化の実態を把握するうえでかえって本質を見失わせることになるであろう」[14]とも付け加えている。

　ポーランドにおける歴史の中の企業家のとらえ方を批判しつつ、過大評価も過小評価もせずに、客観的にウッジの企業家が工業化の中で果たした役割を分析すべきであると主張したつもりであるが、本書はまさにそのような課題に答えようとした筆者なりの1つの答えにほかならない。次章以下で舞台となる19世紀ポーランド社会の状況を確認したうえで、ウッジにおける企業家の活動とその役割について検討していこう。

〈注〉

1 G. Missalowa, *Studia nad powstaniem łódzkiego okręgu przemysłowego 1815-1870*, Tom III Burżuazja, Łódź, 1975.
2 S. Kowalska-Glikman, red., *Drobnomieszczaństwo, XIX I XX wieku*, Tom I, Warszawa, 1984, Tom II, Warszawa, 1988, Tom III, Warszawa, 1992.
3 ウッジの企業家に関する主なものをいくつか例に挙げると、W. Kowalski, *Leksykon łódzkich fabryk*, Łódź, 1999, M. Budziarek, *Lodzianie*, Łódź, 2000, M. Budziarek, L. Skrzydło, M. Szukalak, *Łódź nasze miasto*, Łódź, 2000などがある。
4 R. Kołodziejczyk, *Burżuazja Polska w XIX i XX wieku*, Warszawa, 1979, s. 203-204.
5 R. Kołodziejczyk, Image przedsiębiorcy gospodarczego w Polsce. Próba nakreślenia problematyki badawczej oraz miejsce tematu w naszej historiografii, w R. Kołodziejczyk red. *Image przedsiębiorcy gospodarczego w Polsce w XIX i XX wieku*, Warszawa, 1993, s. 6-7.
6 R. Kołodziejczyk, op. cit. s. 1-2.
7 R. Kołodziejczyk, op. cit. s. 2-3.
8 R. Kołodziejczyk, op. cit. s. 2-4.
9 R. Kołodziejczyk, op. cit. s. 4-5.
10 R. Kołodziejczyk, op. cit. s. 5.
11 R. Kołodziejczyk, op. cit. s. 4.
12 藤井和夫『ポーランド近代経済史――ポーランド王国における繊維工業の発展 (1815-1914年)』日本評論社、1989年、特に165頁。
13 藤井和夫、前掲書、166-168頁。
14 藤井和夫、前掲書、170頁。

第 I 部

19世紀ポーランドの経済社会

第1章

19世紀末ポーランド王国の人口と民族構成

はじめに

　ポーランドは1795年に最終的にプロイセン・オーストリア・ロシアの三国によって分割支配され、独立国家としては地図の上から消滅した。もともと不安定で脆弱であった国家機構がそれらの占領国によって解体されてしまうと、ポーランド民族はそれ以降長い間みずからの国家をもたず、再びポーランドの地に独立国家が再建されるのはようやく第1次世界大戦の後のことであった。もちろん分割直後から独立回復のための努力は、政治・外交面でも、直接軍事的な衝突という形でも、繰り返し試みられたが、いずれも成果を上げることはなく、独立国家の回復は民族の悲願として19世紀を越えて123年の長きにわたってこの国の課題であり続けたのである。独立のための準備は、それから大戦まで長い年月をかけて、直接的な政治的・軍事的民族解放運動の試みとは別の間接的な方法で整えられることになった。そうした試みの1つの成果として、1815年にロシアの支配下にその占領地に成立したポーランド王国における活発な経済的な営みの中から、近代的な民族国家再建への歩みが開始されたのであった。
　二度の反ロシア蜂起を経て、ポーランド王国では政治・経済・文化のあらゆる面でポーランドの民族的伝統に対する圧迫と強引なロシア化が進められた。しかしそのような圧力にもかかわらず、経済の領域では初期のポーランド王国政府の工業育成政策（1815-30年）が、ロシアとの関税一体化

(1850年)、ポーランド王国における農奴解放（1864年）等の新しい経済環境に助けられながら、19世紀後半になってウッジ地帯を中心とする急激な繊維工業の発達となって実を結び、そこに生き生きとした企業家の活動も見られたのであった[1]。

　後にも触れることであるが、企業家は結局その文化的・社会的な背景の中で経済主体としての機能を果たす。それゆえ社会的な背景と企業家活動の特徴とは深い関係がある。本章では、その舞台となった19世紀のポーランド経済社会がどのようなものであったのかを、まず政治的な状況を中心に概観し、そのあとでウッジの企業家が活躍する舞台であるポーランド王国についてその人口の趨勢と構造を見ていこう。

1　19世紀のポーランド

　19世紀という時代は、ヨーロッパ、とりわけ西欧各国にとっては、近代市民社会が成熟するとともに工業化が進展して、その生産力と資本主義的な経済活動がめざましく高まった時代であった。もちろんその世紀の末期にはいわゆる資本主義の変質といわれる事態が進行し、各国の国内状況にはさまざまな矛盾と厳しい緊張関係が生まれるとともに、ヨーロッパを中心とする国際社会は帝国主義的な利害の衝突と勢力圏における相互侵略の時代を迎えようとしていたのであるが、いわゆる近代化を成し遂げた先進工業諸国が西欧にそろって姿を現してきたのがこの19世紀であった。

　国際政治史的には、フランス革命の後1792年に革命フランスがオーストリアとプロイセンに宣戦を布告して以来20年以上もほぼ間断なく続いた戦争が、ナポレオンの敗北を受けて1815年にウィーン会議が開催されることによって、いちおうの「ヨーロッパの不安な平和」を実現し、その後しばらく「一種の平和、力を出しつくしてしまったあとの平和」[2]が、ヨーロッパで維持されたのである。それは各国がその存在を当時の姿のまま認め合った時代でもあった。

　しかしながら、ポーランド、さらに東欧にとっては、この19世紀とそ

れに先立つナポレオンの時代は特別な意味をもつ時期であった。この時までに東欧は周囲の列強によってあまねく分割支配され尽くしていた。ポーランドはロシア・プロイセン・オーストリアによって、チェコやスロヴァキアやハンガリーやバルカン半島の一部はオーストリアによって、そして残りの東欧はオスマン=トルコによってそれぞれ支配されていた。ウィーン会議において参加各国が認めあった当時のそのままの姿とは、東欧にとっては列強に支配され民族の自主独立を認められていない被支配者としてのおのれの姿であった。

ところが18世紀の「フランスの啓蒙思想は、社会改革の思想と同時に、国民国家、あるいは民族国家という理念を生みだした。各民族、各国民はみずからの意志によってみずからの運命を選択する権利をもつという考え方は、フランスの革命思想家たちによって広く流布した。東欧の被支配諸民族にとってこうした思想は、たとえそれが、フランスをはじめとする列強の帝国主義的意図を隠蔽するものであったとしても、かれらに独立への希望をあたえるもの」だったのである[3]。しかも「フランスの新しい思想が東欧にもたらされた時期は、ちょうどこの地域の国々の貴族や知識階級の人々が、すこしずつ民族の過去を再発見し、フランス語やラテン語、あるいはドイツ語の優位のかげで農民の用いる方言の地位にまでおとしめられていた民族固有の言語を学びなおしていた時期と一致する。ポーランドでは、18世紀末に、文法学者コプチンスキがポーランド語の純化と体系化につとめた。……こうした民族的文芸復興は、フランスからもたらされた啓蒙思想とあいまって、東欧の諸民族がみずからの民族的独自性に目覚めてゆくうえで大きな役割をはたしたのである」[4]。さらに「フランス革命と人権宣言は、国民主権および民族自決権に関する思想の普及をうながした[5]」から、当然のごとく18世紀の末から19世紀にかけて、東欧の諸民族の間には民族意識の覚醒と昂揚が見られたのであった。

とりわけポーランドにおいては民族意識の覚醒は早く、最初の分割直後の1773年に成立したヨーロッパ最初の文部省と呼ばれる「国民教育委員会」や、1791年に「四年国会」で採択された「五月三日憲法」は、新時代の要素を取り入れながら伝統的な民族国家の再生をめざしたものであっ

た。「国民教育委員会」はローマ教皇庁の反対を押し切ってイエズス会の財産を世襲化してこれを財政基盤としたもので、教会の独占に代わる啓蒙主義的な教育をほどこして改革実行の主体となる人材を育成した。また「五月三日憲法」は、1787年の「アメリカ憲法」や1791年の「フランス91年憲法」と並んで世界の民主主義の伝統の源流と称されるもので、多数決制を導入し、財産資格による参政権と都市民による代表権を認め、常備軍の編成と中央権力の強化をめざした立憲君主政体を前提とする世襲王政の樹立などが憲法に明記された。[6]さらにポーランド国土に対して2回目の分割が強行されると、保護体制の名のもとに政治の実権を奪うロシアに対するコシチューシコの蜂起が1794年に起こっている。しかしながらこの英雄的な蜂起も、結果としては翌年のポーランドの完全分割をもたらしただけで、「国民教育委員会」の活動や「五月三日憲法」の理念がめざした民族国家の自立と強化はついに実現することなく、1795年のロシア・プロイセン・オーストリアによる第3次分割によって、ポーランドは完全に国家が消滅した状態で19世紀を迎えたのであった。その後も、ロシア遠征途上のナポレオンに対する協力や彼による「ワルシャワ公国」(1807-15年)の建設、ナポレオンの敗北とロシア皇帝アレクサンドル1世による「ポーランド王国」(1815-31年)の建国を経て、結局20世紀の第1次世界大戦に至るまでポーランドが真の意味で民族国家の再興を果たすことはなかったのである。その間ポーランドは、1830-31年(「11月蜂起」)と1863-64年(「1月蜂起」)に民族国家再建をめざして反ロシア蜂起を起こしているが、ともにロシアによって鎮圧されている。

　ポーランドをめぐる国際政治情勢はさほどに厳しかったということであるが、列強諸国に支配された東欧全体の眼から見てみても、そもそもヨーロッパにそれなりの安定をもたらしたはずの「ウィーン体制」は、もともと大きな矛盾と欠陥を内包した平和の方策であって、同体制下のヨーロッパは完全な社会的・国際的平和の時代を実現することなく、19世紀半ば以降には再び戦争の継起する時代となったのである。その欠陥をH. G. ウェルズは、不当な特権を回復し思想や著作や教育の自由に干渉しようとする関係諸王室の傾向と、ウィーンの外交家たちによって描かれた始末の悪い

国境設定方針、の2つに求めている。[7] 19世紀はたしかに、市民革命の時代であり、工業化の時代であると同時に近代的な民族国家形成の時代であった。しかし、そのプロセスはこのようなゆがんだ国際政治の枠内で進行したのであり、とりわけヨーロッパにおける近代化の広がりの中で外縁部をなす東欧、そしてポーランドにとっては、当分の間過酷な条件のもとでの呻吟を運命づけるものだったのである。

　一方、ポーランドの国内経済の状態に目を向けてみると、西欧の穀物需要の増大に刺激されて成立した貴族層（シュラフタ）による農場経営と西欧への大量の穀物輸出も17世紀初頭をピークに衰退し、農業の近代化とそれにともなう農業生産の上昇もほとんどないまま、中心産業であるはずの農業は19世紀にはきわめて困難な状況におかれていたし、手工業や商業も全般に未熟な状態のままにとどまっていた。[8] 農業を近代化し工業化を進めつつある19世紀の西欧諸国と比べるとき、ポーランドの経済的停滞はまさに目を覆うほどのものであって、しかも当時の政治状況はそれに対する的確な対応を行うどころか、自主的な政策主体であることすら難しい状態であった。

　ここからポーランドには深刻な政治的・経済的危機意識が生まれてくる。とりわけ分割支配している列強との国力の差を見せつけられるにつれて、ポーランドの経済的再建が民族的課題として広く認識され始めたのである。1815年のウィーン会議において、ポーランドの中央部にロシア皇帝を王とする「ポーランド王国」の建国が認められると、保護的政策による工業育成という考え方がポーランド王国政府の指導者をはじめ多くの人々の心をとらえ始めた。王国政府は1830-31年の反ロシア暴動「11月蜂起」までは比較的に独立した自主的な権限を有していたから、さっそく財政再建や保護関税政策が実施された。なかでも19世紀のポーランドの工業化にとって最もめざましい成果をもたらしたのは、主として国外先進地域の手工業者を招き入れての工業育成策であった。やがてその政策は、ウッジ市を中心とした一大繊維工業地帯をつくり出すのである。[9]

2　ポーランド王国の総人口

　ポーランド王国は、1815年のウィーン会議において旧ワルシャワ公国領のうちの三国分割時のロシア領を基礎としてロシア皇帝アレクサンドルⅠ世を王として成立した。成立時の面積は12万8500km²である。かつてのポーランドは今やバラバラに分割されており、ポーランドすなわちポーランド王国ではなく、それ以外のプロイセンやオーストリア支配地域でもポーランド独立回復のためのさまざまな動きが見られたのであるが、今日のポーランドの中心部を占め、19世紀に1815-1831年と短期間とはいえ一定の自主的な政策主体であったのがこのポーランド王国であった。それがどのような地域であったのかを、人口の増加とその構成を中心に見ておこう。

　その総人口は、第1-1表のように増加した。表には5年ごとの人口が示してあるが、ポーランド王国成立時に330万人であった人口はその後ゆるやかに成長し、11月蜂起のあった1830年代初頭に一度足踏みした後、同

第1-1表　ポーランド王国の総人口

年	千人	年	千人
1815	3,300	1870	6,026
1820	3,520	1875	6,515
1825	3,970	1880	7,105
1830	3,762	1885	7,688
1835	4,188	1890	8,257
1840	4,488	1897	9,402
1845	4,799	1900	10,000
1850	4,811	1905	11,312
1855	4,674	1910	12,129
1860	4,840	1913	13,055
1865	5,336		

（注）1815年は一般にいわれる建国人口330万人をとった。1820年は *Encyklopedia historii gospodarczej Polski do 1945 roku*, Warszawa, 1981, s. 434、1825年はZientara, B., Mączak, A., Ihnatowicz, L. Landau, Z., *Dzieje gospodarcze Polski do roku 1939*, (wyd. III), Warszawa, 1973, s. 386、1830年以降はPruss, W., "Społeczeństwo Królestwa Polskiego w XIX i początkach XX wieku," (cz. 1), *Przegląd Historyczny*, t. LXVIII, 1977, zesz. 2, s. 260による。

年代半ばからは再び増勢に転じている。しかし1840年代後半から1860年代の初めにかけては、ポーランド王国経済全般の停滞、すなわち農業近代化の遅れと工業の未熟（ないしは近代工業への過渡期）のために人口も同じく停滞気味である。しかし1860年代から人口は急速に増加し始め、同年代の半ばには人口500万を超え、それ以後第1次世界大戦の始まるまでの半世紀にわたって5年ごとに10%前後の増加がコンスタントに続き、20世紀に入るとすぐに1000万人に達していることがわかる。1860年から1913年までの間に、総人口は実に2.7倍に増加しているのである。

　ポーランド王国では農業の発展のテンポは19世紀後半においてもまだ低いものであったから、こうした人口増加は繊維業を中心とした工業の成長を背景とするものであったと予想される。王国の総人口が39%増加した1897年から1913年までの間に、たとえばウッジ市を含む代表的な工業地帯であるピォトゥルクフ県でその人口が140万人から227万人に増加し（63%増）、準工業地帯というべきワルシャワ県で184万人から267万人に45%の人口増加がみられ、いずれも他の県よりも相当高い成長率を記録しているのである。[10]

　ポーランド王国におけるこのような人口の増加は、同時期のドイツやフランスの人口増加と比較しても目覚ましいものであったが、[11]またポーランドの各地域の中でも著しく高い成長率を示すものであった。たとえば第1-2表は19世紀後半以降のポーランド王国と上部シロンスク（上部シレジア、プロイセン領シレジアの東部地方）およびガリツィア（オーストリア領）の人口密度を比較したものである。ガリツィアは一貫して典型的な農村地帯であり、一方、上部シロンスクは比較的に資源に恵まれ従来から手工業が盛んで、この時期にも炭鉱や製鉄業を中心に近代工業が盛んになった地方である。いずれも周辺諸国との交流も盛んで、ポーランドの歴史の中で政治・経済の領域で重要な役割を果たしてきた伝統を有する地域であり、19世紀半ばにあってもその人口密度はポーランド王国と比較して相当に高いものであった。1850年の人口密度は、上部シロンスクが1km²当たり90人でポーランド王国の2.4倍、ガリツィアが58人で1.5倍である。そしてそれぞれ1910年までの間に人口密度が上部シロンスクで2.2倍（人

口では100万人から220万人へ)、ガリツィアで1.7倍（同じく460万人から850万人）へ増加しているのであるが、ポーランド王国の人口が先に述べたように急増した結果、2.7倍に増えた王国の人口密度は最終的にはガリツィアのそれを凌駕し、上部シロンスクに対して2分の1強にまで接近しているのである。いかにポーランド王国において人口増加が激しく、また工業化にともなう経済社会の変化が大きかったかがこのような事実からもうかがい知ることができよう。

しかもポーランドにおける人口増加で注目すべきは、これらの数字がそのまま人口の自然増をあらわしているわけではないことである。都市化や地域移動のような国内的な動向はおくとして、マクロの一国の総人口をみた場合でも、それぞれの国に社会的な要因による人口の変化が存在する。具体的には国際的な移民や難民による人口の増減である。そしてその問題の重要性は、一般に知られるように東欧諸国においてとりわけ大きなものがあり、この時期のポーランドの移民問題がまさにその典型だったのである。

第1-3表は1870年から第1次世界大戦までのポーランドからの移民の概数とその移住先を示したものである。19世紀後半から増大した国外への移住者はプロイセン領での強制的なゲルマン化という政治的理由から国外へ流出した一部の人を除けば、経済的理由、さらにいえば経済的困窮化を背景とした人口流出であるといわれている。[12] その数は表に見られるようにどの地域でも相当多く、たとえばこの期間にポーランド王国で平均にならすと年間3万人にものぼっている。しかもその多くは北アメリカ、特にア

第1-2表　人口密度

(人／km^2)

年	1850	1871	1880	1900	1910
ポーランド王国	38	48	63	81	102
上部シロンスク	90	117	125	171	197
ガリツィア	58	72	77	94	100

(出所) Zientara et al., *Dzieje gospodarcze Polski do roku 1939*, (wyd. III), Warszawa, 1973, s. 456 による。

第1-3表　ポーランドからの移民（1870-1914年）

移民数（万人）		移民先（万人）	
ポーランド王国からの移民	130	北アメリカ	260
プロイセン領からの移民	120	南アメリカ	20
オーストリア領からの移民	110	西ヨーロッパ	40
		ロシア	30
		その他	10
合計	360	合計	360

（出所）　Zientara et al., *Dzieje gospodarcze Polski do roku 1939*, (wyd. III), Warszawa, 1973, s. 457 による。

メリカ合衆国に移住している。当時のポーランド王国の総人口の規模や（第1-1表参照）、この数字には海外移住者の間での人口の自然増加を考慮に入れていない点を考慮すれば、ポーランド経済社会の大きな変革によって国外、とりわけ祖国から遠く隔たった新天地で生活する人口がいかに多いか、換言すればそのためにポーランド人の国内人口がいかに減少したかがわかる。

　他方で、19世紀の前半を中心にポーランド王国内に流入した人口もまた大きな意味をもち、そうした国外からの移住者、とりわけドイツ系の移入者は後に述べるようにポーランド王国の工業化に大きくかかわることになるのである。たしかにその数は国外流出者と比べて相当に小さなものではあるが、ポーランド経済社会の構造的変化という点では重要なポイントとなるものであろう。

3　都市化

　次にポーランド王国の人口の変動の底流にある国内の社会的変化に触れてみよう。まず都市化の問題である。近代における人口増加は一般に経済発展をその根本的原因とするものであり、工業化を核とするその経済発展は都市への人口集中を必然的にともなうものであった。したがっていずれ

の国においてもこの時代の総人口の増加は都市化と並行して起こる現象であるが、ポーランド王国の場合もその例外ではなく、ポーランド王国時代の後半に至って都市人口において高い人口増加率が観察される。

　1860年代末から第1次世界大戦までの時期にポーランド王国人口はさきの第1-1表のごとく約2.2倍に増加しているが、その間農村人口の増加は約2.1倍であったのに対して、都市人口は2.8倍に増大した[13]。そして都市人口の増勢は時代が下るほど大きくなり、たとえば1872年から1892年までの20年間の増加率は51%であるのに対して、1893年から1913年までの後半の20年間の増加率は実に90%にも達しているのである[14]。その結果ポーランド王国の都市人口の割合は、第1-4表のように増大した。1860年代末に人口の4分の1が都市部に住んでいたが、20世紀に入るとその割合は30%を超え、次第に都市への集中を進めながら総人口が着実に伸びていったことがうかがわれるのである。

　このような都市化の傾向をさらに細かく見てゆくと、さまざまな都市のタイプによってその成長のテンポに違いが見られる。一般的には19世紀の後半からあらゆる都市で人口の急増が始まるのであるが、世紀末に至ると人口規模1万人未満の小都市では人口増加が頭打ちとなり、人口5万人以上の都市で引き続き急成長が続くことになる[15]。人口1万人以上の都市について19世紀末以降の人口規模別にみたその分布を第1-5表に示してあるが、見られるように次第に規模の大きな都市の数が増えている。そしてこ

第1-4表　ポーランド王国の都市・農村人口比率

(%)

年	農村部	都市部	市域内
1869	74.5	25.5	16.4
1893	73.1	26.9	18.0
1906	70.6	29.4	20.9
1909	69.4	30.6	21.9
1913	68.5	31.5	22.9

(出所)　W. Prus, Społeczeństwo Królestwa Polskiego na przełomie XIX i XX wieku, (cz. 2), "*Przegląd Histriczny*," t. LXVIII. 1977, zesz. 3, s. 493による。

れらの都市の総人口の中で大規模な都市の占める割合も増えているのであるが、統計数値を信頼すれば20世紀に入ってからその傾向がやや鈍化している点もうかがえる。たとえば表から単純に1都市あたりの平均人口を求めると、1893年には38.7万人であったものが1909年には54.2万人に増えているのに対して、1913年には45.9万人と再び若干減少している。ただし規模の小さいⅢおよびⅣクラス（人口1万人以上5万人未満）の都市の人口比率に注目してみれば、1893年41.9%、1909年33.0%、1913年33.2%となっていて、少なくとも逆の傾向が生じたわけではない。むしろ20世紀に至れば、都市の中でも大きなものに人口が集中するという傾向が、中間の規模の都市への集中ではなく、一部の巨大都市、具体的にはワルシャワとウッジの2都市への極端な人口集中という形をとるようになったものと考えてよいであろう。1万人未満のごく小規模の都市（Ⅰ、Ⅱクラス）まで考慮に入れれば、たとえば1909年にその数は432都市もあり（全都市数の91.3%）、両クラスの都市人口の合計150万4000人は全都市人口372万5000人の40.4%を占めていたというポーランド王国社会の中にあって、その2つの都市はきわめて特異な存在となっていたのである。[16]

　さてそのワルシャワとウッジであるが、前者はポーランド王国最大の政治と経済の中心都市であり、後者は最も代表的な新興の工業都市である。両市の人口増加を示すと第1-6表および第1-7表のようになる。ワルシャワについてみると、ポーランド王国建国当初8万人であった人口は1830年

第1-5表　規模別にみた都市の分布

（人口の単位は万人）

クラス	規模	1893年 都市数	1893年 人口	1909/1910年 都市数	1909/1910年 人口	1913年 都市数	1913年 人口
Ⅲ	1〜2万人	23	32.5	23	30.6	35	44.7
Ⅳ	2〜5	4	14.5	13	42.8	14	42.1
Ⅴ	5〜10	—	—	3	21.2	5	32.9
Ⅵ	10〜	2	65.1	2	127.5	3	141.9
合計		29	112.1	41	222.1	57	261.6

（出所）　W. Prus, Społeczeństwo Królestwa Polskiego na przełomie XIX i XX wieku, (cz. 2), "*Przegląd Histriczny*," t. LXVIII. 1977, zesz. 3, s. 497, 500による。

第1-6表　ワルシャワの人口

年	人	年	人	年	人
1816	81,020	1850	163,597	1885	406,965
1820	100,338	1855	156,562	1890	455,852
1825	126,433	1860	162,805	1895	535,968
1830	145,000	1865	243,512	1900	686,010
1835	135,577	1870	266,218	1905	767,897
1840	139,591	1875	298,451	1910	781,179
1845	163,624	1880	357,169	1913	845,130

（出所）　Marian Gojewski, *Urządzenia komunalne Warszawa, Zarrys historiczny*, Warszawa, 1979, s. 34 による。

第1-7表　ウッジの人口

年	人	年	人	年	人	年	人
1820	767	1845	17,305	1871	47,659	1895	168,512
1825	1,004	1850	15,565	1875	49,501	1900	283,206
1830	4,343	1855	33,285	1880	77,450	1905	343,944
1835	7,595	1857	39,110	1885	106,450	1910	408,442
1840	18,582	1865	40,121	1890	130,028	1914	477,862

（出所）　W. Puś, Zmiany liczebności i struktury narodowościowej ludności Łodzi do roku 1939, w M. Koter, M. Kulesza, W. Puś i S. Pytlas（2005）*Wpływ wielonarodowego dziedzictwa kulturowego Lodzi na współczesne oblicze miasta*, Łódź, s. 13.

代にやや停滞した後、40年代半ばに倍増し、50年代に再び停滞した後は順調に増加して、王国の末期には最初の10倍の規模に膨らんでいたのである。一方ウッジの成長はさらに顕著であって、1820年代に工業区が設定された後は、40年代の停滞を唯一の例外として驚くべき速さで成長を続け、建国当初の人口を約700人とすれば、第1次世界大戦の前夜には人口は実に600倍以上に増えていたのである。繊維工業の中心都市であるウッジでは、その成長率の高さがきわめて異例であったという事実に加えて、のちに見るように民族別人口構成にも際立った特色がうかがえるのであって、ポーランド王国工業化にともなう人口増加および都市化の1つの特質を如実に示している。[17]

ところで、ポーランド王国の中央には同国を東西に二分するようにヴィスワ川が流れている。その左岸と右岸とでは工業化の度合いに相当差があり、同時に都市化の進展の程度が大きく異なっている。たとえば第1-4表に見られるように1909年の王国の都市人口比率は30.6%であるが、ヴィスワ川左岸に限って都市部の人口比率をみればその時すでに40%に達しており、それに対して右岸ではまだ22%でしかない。[18] 後述する民族構成をみても、ワルシャワ（当時の市域は左岸）とウッジの両都市を擁するヴィスワ川左岸の方が経済社会の近代化への動きが相当先行しているといえるのである。

4　宗教別人口・民族別人口

　ポーランド王国の工業化は、初期王国政府による外国からの繊維工業企業家および労働者の移入策を1つの柱とするものであった。したがって繊維工業の発展した地域ではこの時代に外国人、とりわけドイツ人の存在が大きなものとなる。また、ポーランド王国の都市には昔から多くのユダヤ人が居住していた。特に王国東部の地方都市ではユダヤ人は都市住民の中核をなし、近代に至ってもその数において無視しえないものがあった。このような複合多民族性は、ポーランド王国においてどのように展開していったのであろうか。

　第1-8表はポーランド王国における宗教別人口構成の変化を示したものである。ここでの関心は民族別の人口構成にあるのであるが、ポーランド王国時代の民族分布を直接示す資料は必ずしも多くはなく、比較的にデータの得やすい宗教別人口をその代用に用いることにする。[19] その場合、カトリックについては、たとえば1897年のポーランド王国に居住するポーランド人の98.3%はカトリックであり（逆にいうと同年の王国のカトリック教徒の94.5%はポーランド人であった）、[20] 同じく1897年の王国ユダヤ教徒の95.8%はユダヤ人であったから、[21] それらの宗教の比率をおのおのの民族分布とみなしてもまず問題はないであろう。プロテスタントについては、

同年の王国のプロテスタント（ルター派）[22]のうち88.7%がドイツ人ということになって少しその関係が薄れてくる。特にワルシャワ市ではドイツ人とほぼ同数のプロテスタントのポーランド人が存在している。また数はきわめて少なくなるが、王国でのプロテスタント第2位のカルヴァン派ではその半分はチェコ人が占めている。[23] それでも第1-8表にあるように全体の5%前後の人口の中での問題であるし、チェコ人等を含んでもこの数字が移入者としてのドイツ人を示すものであると考えてもまず差し支えあるまい。実際に、ポーランド王国人口の宗教と民族がともにわかる1897年と1913年のデータをみると、ユダヤ人とドイツ人の割合はユダヤ教とプロテスタントの割合とほぼ一致している。むしろポーランド人とロシア人の宗教比率と民族比率の間にやや食い違いがあり問題が残りそうであるが、[24] それはここでは取りあえず無視しておこう。

　さて第1-8表から民族構成の変化について、どのような傾向を読み取ることができるであろうか。同表によればカトリック（つまりポーランド人）の比率は、減少傾向の後75%前後で安定している。つまりポーランド人の前半の人口増加率は比較的低かったものの、後半はほぼ総人口の伸びに見合う増加率を示している。一方プロテスタント（ドイツ人）は初期と末期に比較的高い成長率を示すものの、その中間には成長の中弛みがみられ、全体としてその比率はやや停滞的に推移している。全期間を通して最

第1-8表　ポーランド王国の宗教別人口構成

(%)

宗教	1827年	1848年	1870年	1897年	1913年
カトリック	86.0	82.8	76.3	74.8	75.4
プロテスタント	4.5	5.5	5.4	4.5	5.4
ユダヤ教	9.3	11.4	13.5	14.0	14.9
ギリシャ正教	—	0.2	4.7	6.6	3.7
その他	0.2	0.1	0.1	0.1	0.6
合計（万人）	403.2	479.0	602.6	940.2	1305.5

（出所）　W. Prus, Społeczeństwo Królestwa Polskiego na przełomie XIX i początkach XX wieku, (cz. 1), "*Przegląd Histriczny*," t. LXVIII. 1977, zesz. 2, s. 262 による。

も高い成長率を示したのはユダヤ人で、ポーランド王国の初期には1割にも満たなかったものが、末期には15%へと着実に総人口の中での割合を高めていっている。ユダヤ人については外部からの移住というよりは、おそらく王国内のユダヤ人人口の自然増加の結果と考えるべきであろう。

　ところですでに述べたように、ポーランド王国全体の人口の増加が繊維工業を中心とした工業化の過程と並行して起こったと考えるならば、同産業に関係深いドイツ人人口比率の停滞をどのように理解したらよいのであろうか。次の第1-9表は王国内の各県についてドイツ人の割合を示したものである。そこに見られるのは、ウッジ市の所属するピォトゥルクフ県において飛び抜けてドイツ人の割合が多いということと、引き続きその比率の上昇傾向が継続しているということである。繊維工業の一大中心地となったウッジ地帯があるおかげで、同県の人口の重要な部分を移入者が占め、しかもそれ以外のどの県でもドイツ人の比率にほとんど変化がみられないのに、同県では20世紀に入ってもドイツ人は増え続けているのである。1913年の時点でポーランド王国の主要な都市をドイツ人の割合の多い順に並べていくと、上からアレクサンドゥルフ（ドイツ人54.6%）、ズドゥ

第1-9表　ドイツ人の割合

(%)

県	1897年	1913年
ワルシャワ	4.2	4.5
カリシ	7.4	8.2
キェルツェ	0.3	0.3
ルブリン	2.3	2.7
ウォムジャ	0.8	0.9
ピォトゥルクフ	10.7	14.3
プウォツク	6.7	6.8
ラドム	1.1	1.1
シェドゥルツェ	1.5	1.6
スヴァウキ	5.3	5.5

(出所)　W. Prus, Społeczeństwo Królestwa Polskiego na przełomie XIX i XX wieku, (cz. 2), "*Przegląd Histriczny*," t. LXVIII. 1977, zesz. 3, s. 492 による。

ンスカ＝ヴォラ（44.5%）、ウッジ（33.0%）、トマシュフ＝マゾヴェツキ（31.6%）、ズギェシ（25.5%）、パビャニツェ（18.6%）となり、ピォトゥル[25]クフ県にすぐ隣接してウッジ繊維工業地帯の一画をなすズドゥンスカ＝ヴォラ以外はすべて同県内の、しかもウッジ地帯に属する繊維工業都市である。ポーランド王国において、繊維工業とドイツ人の結びつきがいかに大きいかはこの事実を見てもわかるであろう。ちなみに同年のワルシャワにおけるドイツ人の比率は 1.7% にすぎない。

以上から、どうやらドイツ人は繊維工業地帯に偏って住んでおり、その産業への影響力が大きい割にはポーランド王国全体の人口の中ではさほど突出した存在とはなっておらず、したがってその人口比率がさほど上昇しなかったことが理解できよう。次に見る職業別人口構成からも、繊維工業と密着したドイツ人の存在が浮き彫りになるはずである。ただドイツ人のポーランド王国領内への移住は 19 世紀の末や 20 世紀に至っても絶えず行われたというわけではなく、この繊維工業地帯でのドイツ人人口の増加は、その多くの部分が移住ドイツ人の 2 世、3 世と考えられることも付記しておきたい。

なお工業都市は、ポーランド王国の都市の中では比較的大きな都市ということになるから、ドイツ人が多く住む都市のタイプもほぼ限られてくる。第 1-10 表がそれを示している。ポーランドでの生活の歴史の長いユ

第 1-10 表　都市の規模別に見た宗教比率

(1909 年／%)

クラス	規模	カトリック	プロテスタント	ギリシャ正教	ユダヤ教
I	5,000 人未満	22.9	5.9	13.1	24.3
II	0.5〜1 万人	14.8	11.5	13.8	23.6
III	1〜2 万人	5.9	5.9	12.2	11.1
IV	2〜5 万人	11.7	14.6	16.2	10.6
V	5〜10 万人	6.8	4.6	5.6	4.5
VI	10 万人以上	37.9	57.5	39.1	25.9
合計（万人）		186	21.9	12.3	152.3

（出所）　W. Prus, Społeczeństwo Królestwa Polskiego na przełomie XIX i XX wieku, (cz. 2), "*Przegląd Histriczny*," t. LXVIII. 1977, zesz. 3, s. 497 による。

第 1-11 表　宗教別の都市人口比率

(%)

宗教	都市	農村
カトリック	19.9	80.1
プロテスタント	32.9	67.1
ユダヤ教	87.3	12.7

(出所)　W. Prus, Społeczeństwo Królestwa Polskiego na przełomie XIX i XX wieku, (cz. 2), "*Przegląd Histriczny*," t. LXVIII. 1977, zesz. 3, s. 493 による。

ダヤ人が、商業を中心としたポーランドの都市経済の中枢にしっかりと結びつきながら中小都市にまでまんべんなく住みついているのに対して、ドイツ人は都市の中ではどちらかというと規模の大きいところに集中して居住しているのである。ただ第 1-11 表が示すように、それでもドイツ人の 3 分の 2 は農村部に住んでおり、ちょうどもっぱら都市部のみに住むユダヤ人と、8 割が農村に住むポーランド人との中間の位置を占めている。

5　職業別人口

次に比較的に精緻な統計数値の得られる 1897 年のポーランド王国社会について、その職業別人口構成を見てみることにしよう。この時期はすでにポーランドにおける農奴解放（1864 年）が実現し、繊維工業も大企業時代に入って、近代のポーランド王国経済社会が成熟期を迎えつつあった時代である。王国内には近代的な工業地帯が発展し、のちに見るように農村の過剰人口は続々と都市に向かって流れ込みつつあった。一方で移入者を中心とする都市の工業従事者は、すでに 2 世・3 世の世代となり、文字どおりポーランド王国内のあらゆる階層・地域・民族の人々を巻き込みながら広範に近代工場労働者層が形作られつつあったのである。

1897 年の人口統計では 65 の職業にわけて職業調査が行われているが、第 1-12 表はそれらを整理して有業者の割合を示したものである。見られるように王国全体では相変わらず農業従事者の数が多いが、それもすでに

半数を割っており、農業社会から工業社会への転換がかなり進んでいることがわかる。工業従事者はまだ18%ほどであるが、その重要性はすでにその数字以上のものがある。また召使いの割合がずいぶんと多いように感じられるが、これは後で述べるように都市化の進展と、女子の社会への進出をあらわしているのであり、一方でポーランド王国のこの段階ではまだ十分に工業にその労働力を吸収しきれないことをも示していると考えられる。

この職業構成を民族別に見るならば、そこには各民族で大きな構造の違いが読み取れる。まずポーランド人の3分の1は農業に従事し、工業・手工業の従事者はまだ少ない。それぞれの職業別人口の中からポーランド人の割合を拾い出してみると、農業では85%、官吏・行政職で57%[26]、運輸・通信で86%、教師が68%、聖職者が41%を占めている。また工業部門で見てみると、当然のことながら各商業従事者の絶対数では他の民族を凌駕しており、繊維工業でも55%、金属工業の場合には78%、鉱山に至っては97%を占めている。[27]

ドイツ人の場合には、その半数は農業に携わっているものの、工業従事

第1-12表　ポーランド王国の1897年の職業構成

(%)

職業	王国	都市	ポーランド人	ドイツ人	ユダヤ人
行政官吏	0.7	1.8	0.9	0.5	0.1
軍隊	8.2	17.3	0.2	0.7	0.9
聖職者	0.4	0.5	0.3	0.4	1.5
農業	44.0	2.3	66.7	50.2	2.5
工業・手工業	17.7	31.3	13.4	30.1	34.4
商業	5.2	17.8	1.6	3.1	38.8
運輸	1.5	2.8	1.6	0.8	3.6
自由業・教師	1.1	2.5	0.6	1.2	2.7
召使い・下僕	15.6	20.8	11.6	8.5	8.3
無職・年金生活	4.2	7.6	2.5	3.8	5.3
その他	1.4	2.3	0.6	0.7	1.8
合計（万人、%）	295.5	91.8	100.0	100.0	100.0

(出所)　W. Prus, Społeczeństwo Królestwa Polskiego na przełomie XIX i XX wieku, (cz. 2), "*Przegląd Histriczny*," t. LXVIII. 1977, zesz. 3, s. 503, 504 による。

者も 30% に達している。その割合はユダヤ人の 34% よりも少ないが、すでに見てきたように、近代的な工業部門ではドイツ人が優勢なのであり、ユダヤ人はどちらかというと手工業を営むケースが多かった。特に職業別人口の中で繊維工業の 27% を占めているのが目立つ。ポーランド王国内のドイツ人人口総数からすれば、それは異常なほどに大きな割合というほかない。逆にそれ以外ではポーランドの経済社会で大きな存在を誇る職業は特になかったのであり、ここからポーランド王国内のドイツ人の特殊な存在様態が明らかとなる。

次にユダヤ人について見てみると、何よりも商業に関してはもっぱら彼らが都市において独占的に担っていた。ユダヤ人の内の 39% は商人であり、職業別の人口の方からみれば商業従事者の 83% を占め、穀物商では 94% にも達している。ユダヤ人が優位を占めるのはそれ以外では教師の 53%、手工業の仕立屋で 56% などとなっており、農業ではわずかに 0.6% にすぎない。ポーランドの歴史の中で、封建的領主層と結びつきつつ西欧向けの穀物輸出を中心に流通過程を完全に掌握しながら、もっぱら都市に集中して居住することによってポーランドの土地との結びつきのきわめて希薄なユダヤ人像がここでも浮かび上がってくるのである。

なお先に少し触れたように、ポーランド王国全体の有業者のうち女子の割合は約 28% であるが、その主な職業は召使いであり（王国の女子有業者のうち 51%、都市では 60%）、次いで工業であった（王国全体で 15%、都市で 18%）。彼女たちはもっぱら農村から都市にやってきたのであるが、都市化にともなって家事労働者の需要が増えつつあることと、繊維業を中心に女子が工場労働力としての重要性を増しつつあることがここにうかがえるのである。

第1-13表によってワルシャワとウッジの2つの都市に注目してみると、全体として工業・手工業のウェイトが高まり、両市がポーランド王国工業化のセンターであることを再確認させてくれる。特にウッジではどの民族でも工業部門が最大の割合を占め、同市が純粋な繊維工業都市であることを示している。とりわけドイツ人の 72% という高い集中が目につくのであるが、この地帯で展開したポーランド王国工業化の中心部門の繊維工業

第1-13表　ワルシャワとウッジの民族別職業構成

(%)

	ポーランド人		ドイツ人		ユダヤ人	
	ワルシャワ	ウッジ	ワルシャワ	ウッジ	ワルシャワ	ウッジ
行政官吏	1.5	0.3	1.2	0.1	0.1	0.0
軍隊	0.4	0.1	7.2	0.6	1.8	0.9
聖職者	0.3	0.0	0.2	0.0	0.7	0.4
農業	0.6	0.3	0.5	0.3	0.1	0.0
工業・手工業	35.4	60.2	34.2	71.9	37.1	39.2
商業	7.3	3.3	8.9	5.4	28.6	29.4
運輸	5.0	2.3	3.1	0.5	2.7	2.2
自由業・教師	3.7	1.2	6.6	1.3	2.1	2.1
召使い・下僕	32.5	27.4	23.7	12.6	19.7	19.2
無職・年金生活	10.6	2.3	12.1	4.6	4.7	3.9
その他	2.7	2.6	2.3	2.7	2.4	2.7

(出所) W. Prus, Społeczeństwo Królestwa Polskiego na przełomie XIX i XX wieku, (cz. 2), "*Przegląd Histriczny*," t. LXVIII. 1977, zesz. 3, s. 508 による。

でドイツ人が重要な役割を果たしていることが、これらの地域別の数字からも再び明白になるのである。

6　人口からみたポーランド王国

　以上のように社会の近代化、とりわけ工業を中心とする経済の発展を国民的課題とした19世紀のポーランドで、その中心部をなすポーランド王国において人口が急増しつつあったことや、その成長の背景として急激に都市化が進行する中で、大都市を中心にポーランド王国が次第に近代的な工業社会に変貌してゆく様子が、人口の動きとその構成から明らかとなった。その過程の中で、ポーランド社会に特徴的な性格である複合多民族的な要素が、この19世紀を通して薄められるどころか、ますます社会の骨格にかかわる形で強化されていったのを知るのである。

　過度の単純化を恐れずにいえば、この近代ポーランドの人口増加と都市

化が商業の発展と社会全体の工業化によるものであり、その工業化は繊維
工業の成立と発展を主な内容とするものであるとすれば、商業を伝統的に
担うユダヤ人と、繊維工業できわめて大きな役割を果たすドイツ人とが、
流動する近代のポーランド社会でいかに重要な役割を担う存在であるかは
すでに明らかであろう。この近代ポーランドの社会的な体質が、歴史の中
のある時点でポーランド人自身の選択によって創り出されたものであると
いう点で基本的にポーランドの主体性を認めるというのが筆者の立場であ
る[31]が、その時にもこの再生され続けるポーランドの複合多民族性という問
題をつねに念頭においてその経済社会を考慮していかねばならないのであ
る。

　われわれは以下の章において、そのポーランド王国の中で最も重要な繊
維工業地帯を形成するウッジに焦点を当てて、そこを舞台に19世紀ポー
ランドの不可欠な歴史的主体として活動していく企業家たちの姿を明らか
にしていく。19世紀ポーランドの課題と成果は、その主要部をなすポー
ランド王国の課題と成果でもあったのであり、それをめぐってどのような
ことが行われ、どのような成果が生まれ、それらを通して近代のポーラン
ド社会にどのような特色が刻まれていったかを、このウッジの企業家たち
の活動を振り返ることによって最も明確な形でとらえられるのではないか
と考えている。

　なお最後に、ポーランド王国においては戦間期のポーランドで大きな問
題となるウクライナ人、白ロシア人、リトアニア人の民族問題は、国土の
領域の異なる20世紀初頭にはまだそれほど重大な問題とはなっていな
かったということと、東側からの流入者であるロシア人は、ポーランド王
国社会の中では、経済的に以上のような分析とはまったく異なる意味をも
つ存在であったということを付け加えておこう。[32]

〈注〉

1　その経緯については藤井和夫『ポーランド近代経済史──ポーランド王国におけ
　る繊維工業の発展（1815-1914年）』日本評論社、1989年参照。

2　H. G. ウェルズ、長谷部文雄他訳『世界史概観（下）』岩波新書、1966 年、67-68 頁。
3　H. ボグダン、高井道夫訳『東欧の歴史』中央公論社、1993 年、126 頁。
4　H. ボグダン、前掲書、126 頁。
5　H. ボグダン、前掲書、125 頁。
6　伊東孝之他編『ポーランド・ウクライナ・バルト史』山川出版社、1998 年、179-183 頁。
7　H. G. ウェルズ、前掲書、68 頁。
8　藤井和夫、前掲書、12-13 頁、および藤井和夫「東欧」原輝史ほか編『現代ヨーロッパ経済史』有斐閣、1996 年、209-210 頁。
9　藤井和夫『ポーランド近代経済史』13-22 頁。
10　W. Pruss, Społeczenstwo Królestwa Polskiego na przełomie XIX i XX wieku (cz.2), "*Przegląd Historyczny*," t. LXVIII, 1977, zesz. 3（以下 W. Pruss, cz. 2 と略記）s. 491.
11　W. Pruss, Społeczenstwo Królestwa Polskiego w XIX i początkach XX wieku (cz. 1),"*Przegląd Historyczny*", t. LXVIII, 1977, zesz. 2（以下 W. Pruss, cz. 1 と略記）s. 261.
12　B. Zientara, A. Mączak, I. Ihnatowicz, Z. Landau, *Dzieje gospodarcze Polski do roku 1939*, (wyd. III), Warszawa, 1973, s. 457.
13　W. Pruss, cz. 2, s. 491.
14　W. Pruss, cz. 2, s. 491.
15　W. Pruss, cz. 2, s. 491.
16　W. Pruss, cz. 2, s. 497.
17　ウッジの人口増加については、のちに別のデータも用いてより詳しく検討する。
18　W. Pruss, cz. 2, s. 493.
19　ここで史料について一言しておくと、最も信頼しうる 19 世紀末のポーランド王国の人口統計は 1897 年にロシア政府によって実施された人口調査である。なかでもワルシャワとその周辺の王国中央部諸州の調査は、最も精密な調査であるうえに、共通の質問表による調査が行われたために相互に正確な比較が可能であるという点で有用である。またそれは人々の宗教分布を知りうるだけでなく、他のどの史料にも見ることのできない母国語（つまり対象者の民族を知るうえで最も信頼のおけるデータ）の調査も含んでおり、しかもそれは王国南東部のルブリンおよびヘウム地方を除いて正確なものといわれていて、当時の社会の民族構成を直接、あるいはより正確に知るうえでも好都合なものとなっている。W. Pruss, cz.1, s. 259-260.
20　W. Pruss, cz.1, s. 267.
21　W. Pruss, cz.1, s. 283.
22　同派がポーランド王国におけるプロテスタントの 96% から 98% を占める。W. Pruss, cz.1, s. 273.
23　W. Pruss, cz.1, s. 273-274.

24 それぞれの割合を示すと、1897年にカトリック74.8%に対してポーランド人71.8%、同じく正教6.6%に対してロシア人2.8%、1913年にはカトリック75.4%に対してポーランド人72.2%、同年の正教3.7%に対してロシア人4.7%となっている。W. Pruss, cz. 2, s. 488.
25 W. Pruss, cz. 2, s. 501.
26 この割合が低いのは、後で少し触れるようにロシア支配下のポーランド王国ではロシア人がこの職業の37%を占めていたからである。W. Pruss, cz. 2, s. 505.
27 W. Pruss, cz. 2, s. 505.
28 W. Pruss, cz. 2, s. 505.
29 W. Pruss, cz. 2, s. 505.
30 W. Pruss, cz. 2, s. 502, 503.
31 藤井和夫『ポーランド近代経済史』結語参照。
32 ロシア人は1913年にはポーランド王国人口の4.7%を占めているが(W. Pruss, cz. 2, s. 488)、その8割は占領者としての軍人と官吏であり、聖職者10%、教師12%のほかはポーランド王国社会の職業で官吏・行政職37%(既述)、軍隊87%というのが主な役割だったのである。またワルシャワ、ウッジの両市でもロシア人の最大の職業はそれぞれ64%、66%を占める軍人であった。以上 W. Pruss, cz. 2, s. 503, 505, 508。

第2章

多民族社会としての19世紀ポーランド
ワルシャワのユダヤ人

はじめに

　前章で、19世紀のポーランド社会の中心をなすポーランド王国において着実な、そして世紀末にかけては急激な人口増加があったこと、ポーランドの歴史を貫く特徴ともいえる多民族的な構成が19世紀のこの王国にもはっきりと見られることを確認した。ポーランドは、他の中欧・東欧諸国と同様に、かつて複雑な民族構成をもち、そこから文化の多様性とダイナミズムを獲得しながらも、一方で少数民族の存在にともなうさまざまな軋轢と摩擦に悩まされ、その葛藤と克服が歴史を彩ってきたのである。それは過去の歴史においてそうであったというだけでなく、現代においても、「戦後の国民史が多数派スラブ的カトリック農民や都市民、それに進歩的シュラフタを主体に、複合多民族国家の歴史的伝統を軽視する形で再構成が急がれた」という批判が存在することからわかるように、ポーランドの歴史を理解するうえで大きな論争点であり続けた。

　本書の目的である19世紀におけるウッジの企業家たちの歴史的な役割を明らかにしようという試みにも、この問題は大きくかかわってくる。のちに見るように、ウッジ繊維工業の企業家たちはその多くが少なくとも出自としてはドイツ人であり、それ以外の企業家ももっぱらユダヤ人である。少数民族に属する彼らをどう見るかということが、序章で見た、ウッジの企業家を19世紀のポーランド史の中でどう評価するかということに

深く関係しているのである。それについての検討は次章や第 4 章で行うことにして、本章ではポーランド史におけるユダヤ人の問題について検討してみたい。

　ユダヤ人は、ポーランドの歴史の中で、少数民族としてとりわけ長期にわたって共存と反目のかかわりを重ねてきた。そのかかわりは他のどの国よりも密度の濃いものであり、ポーランド人に複雑な対ユダヤ人感情を植え付けてきた。本章では 19 世紀のポーランド王国のとりわけワルシャワにおけるユダヤ人（主に企業家）を対象として、その経済活動とそれに関連した社会活動が、ポーランドの歴史の中でどう評価されるのかという問題を中心に考察する。

1　近代ポーランドの民族的課題とユダヤ人

　16 世紀に政治的にも文化面でも隆盛をきわめたポーランドは、17 世紀にはシュラフタ共和制による国家機構の弱体化の中で対外戦争や内乱が相次ぎ、国土の荒廃、経済の停滞、政治の混乱をもたらした。18 世紀に入ると国家の衰運への危機感から、啓蒙思想の影響を受けた国王と改革者たちの手によって、国家権力の強化と社会構造の近代化、とりわけ学問・芸術の奨励と教育の再編成が推し進められたが、そのことがむしろ周辺列強の干渉を招くことになり、18 世紀末にロシア・プロイセン・オーストリア三国の 3 次にわたる分割によって国家はまったく消滅したのであった。その後ポーランドでは、三国による分割支配のもとで、民族国家再興のための蜂起や社会改革運動が試みられるのである。したがって近代ポーランドの民族的課題と悲願は、列強支配下のポーランドの民族性の維持と国家再興であり、そこに住むユダヤ人の問題もそれと切り離して考えるわけにはいかなかった。

　ユダヤ人は 10 世紀頃から西欧における迫害から逃れてポーランドの地に移住してきた。ポーランドでは貴族たちが経済振興のために彼らを優遇したので、その数は瞬く間に増加して、ある推計によると 18 世紀には全

世界のユダヤ人の80％近くがポーランド＝リトアニア共和国に住んでいた[3]。19世紀の末には、ユダヤ人は東欧においてポーランド人とウクライナ人に次いで3番目に人口の多い民族となっており[4]、全世界のユダヤ教徒の6割以上を占めて世界最大のユダヤ人居住地となっていた。18世紀末の分割によってポーランドのユダヤ人社会も分解され、各々の分割領に住む人々の運命はさまざまに分かれ、20世紀には大量の移民運動も現れた。

彼らは主に商業に従事し、一般にイディッシュ語を日常語としてシュテートルと呼ばれる特別な地区で生活していた。ユダヤ人のゲットーへの強制隔離策をとった西欧や、政府みずから反ユダヤ政策をとり、激しい反ユダヤ主義がしばしば残虐な集団暴行（ポグロム）という形で爆発したロシアとは異なって、ポーランド領内のユダヤ人は伝統的に宗教上の自由と自治が認められ、「ユダヤ人の王国」と称されるほどであった[5]。たとえば18世紀後半のポーランド啓蒙主義の最大の具体的成果といわれ、アメリカの独立宣言と並んで人類史上最初の民主的・近代的性格をもつ「五月三日憲法」（1791年）では、前文で第1次分割以前の伝統的な国土（当時のポーランドとリトアニア、すなわち現在のポーランドの西部を除く3分の2と東はドニエプル川に至るロシア西部を含めた広い領域）をその統治領域として規定したうえで、第1編で国教をローマ・カトリック信仰に定めながら、「なんらかの信条をもつ全ての人々にも、信仰上の平和と政府の保護を必要とすべき理由から、ポーランド諸地方の全宗派と宗教の自由は諸地方の法令に準拠して尊重する」ことが明記され、事実上領域内に住むユダヤ人をも国民と認めていた。さらに翌1792年5月の「警察委員会法」制定によって、ユダヤ人の身分的保証を確立するための具体的施策も示された[6]。

しかしそのようなユダヤ人にとって恵まれた環境は、1795年のポーランド国家の滅亡（第3次分割）によって完全に失われ、ユダヤ人はみずからの民族とその文化の自立の問題を、前述のような民族的課題を抱きながら民族解放の抵抗を繰り返すポーランド人と分割三列強の権力との間で模索していかねばならなかったのである。かくてユダヤ人とポーランド人の平和な共生の時代は終わりを告げて、19世紀のヨーロッパを律した「ポー

ランド問題」と「ユダヤ人問題」の2つが、ここに複雑に絡み合いながら展開することとなり、ポーランド独立とユダヤ民族解放は、無関係のものではありえず、さりとて完全に一体化したものでもありえない[7]という複雑な様相を呈したまま19世紀を迎えることになったのである。

　こうした状況の中でユダヤ人は、一方でかたくなにその伝統的な生活習慣と信仰を守り続けながら、他方で、啓蒙主義の潮流の中で18世紀に西欧で起こったハスカラと呼ばれる現地社会・文化に同化して孤立を脱しようとする運動にも大きな影響を受け、ポーランド社会への同化をめぐって彼らの中にさまざまな潮流が生まれていった。前述のようにポーランドが伝統的にユダヤ人に寛大な国であったことから、その国家の回復をユダヤ人も支持したという背景や、亡国の民という共通の運命がポーランド人とユダヤ人の連帯を作り出した面もあった。しかし一方で、19世紀のポーランドにおいてその文化的アイデンティティを守るのにカトリック教会が大きな役割を果たしたことや、そもそもポーランドの分割支配が異なった宗教をもつ列強によってなされたという事実から、「カトリック教徒＝ポーランド人」という狭量な宗教的民族意識が育っていた[8]。またポーランドにおける農奴解放（1864年）の後、農民の一部が都市に移り住んだために商工業で競争が始まり、加えて分割権力（とりわけロシアとプロイセン）によって政治家や役人や軍人になる道を閉ざされたポーランド人は、農業以外の企業のほとんどを支配するユダヤ人と経済的な競争を始めざるを得ず、結果としてのポーランド人中産階級の成長が都市の商工業を支配するユダヤ人中産階級との間に次第に摩擦を生じさせ始めていた[9]。さらに19世紀末にはヨーロッパ全体に特にユダヤ人を攻撃の的とした偏狭な民族主義の昂揚がみられ、ポーランドにも民族主義的な政党や団体が組織され始めたことなど、両民族の関係は緊張をはらんだ複雑なものになったのである[10]。

　前述の「五月三日憲法」の精神にも見られるように、ポーランドの当時の啓蒙のプログラムの中には、農奴制の改革、都市の法的地位の改善、教会の改革等と並んでユダヤ人問題の改革が含まれていて、ユダヤ人に従来は閉ざされていた農業・製造業・自由業・公務および軍務に就くことが認められることになった。一方で商業や金融業におけるユダヤ人の独占状態の

解消も求められていた。しかし、19世紀前半に国家によって実施されたユダヤ人との関係に関する部分的改革は、解放というよりもむしろ制限の方に力点が置かれていたし、なによりもこの時のポーランドの権力は上位の外部権力に従属しており、自由なイニシアティブを発揮しえる状況にはなかった。さらにその際に、ユダヤ人の同化（宗教を除いてポーランドの言語・服装・慣習の受容）が完全な平等と解放の前提となっていたが、実際には法的な差別が同化を妨害していた。19世紀半ばにこの法的規制が廃止された時期にも、ユダヤ人ブルジョアと知識人の少数集団だけがポーランド社会に合流したに過ぎない。そして少数派の彼らはユダヤ社会との接触を失い、そこでの権威をも失うこととなったのである[11]。

　他方でポーランド人との関係では次のような問題もあった。すなわち、もしポーランドのユダヤ人が西欧のハスカラ運動のようにポーランド社会に同化しようとしたとしても、ポーランド貴族層の保守派はユダヤ人同化の思想に反対していて、同化したユダヤ人は依然として異分子であり社会秩序の敵であるとみて、彼らを信用しなかった。また多くの社会活動家たちもユダヤ人に好意的ではなかった。というのは、ポーランド農村住民を悩ませていた日常生活上の災厄は飲酒であり、農民を対象とした高利貸しでありまた農家の手工業の問屋をも兼ねていた酒場の主人の多くはユダヤ人であった。したがってポーランド社会の近代化をめざして飲酒に反対する社会運動家や団体は、ユダヤ人とその経済活動を攻撃することになった。また協同組合運動を開始した「実業」[12]の活動家は、小都市のユダヤ人住民との間に利害の衝突を惹起し、ポーランド社会にとって大きな意義をもつはずの「実業」活動家の意識は、本来の意図ではないにせよ反ユダヤ主義の色彩を帯びることになったのである[13]。

　ただし「実業」思潮の中に反ユダヤ的な要素のみがあったというわけではない。ロシアに対する1月蜂起（1863年）の敗北後、ポーランドの自主・独立を求める運動は「実業」の活動に重点を移したが、そこでポーランド人評論家は、ユダヤ人の実生活上の工夫、節約や連帯性、組織的才能に学ぶこと、そしてユダヤ人との社会・経済分野での協力に応じることを薦め、ポーランド・ブルジョアジーと同化したユダヤ知識人の協同が見られ

た。とりわけワルシャワにおいて、19世紀末頃にはユダヤ人金融家の好意と協力によって教育・文化・慈善の分野で創意と実践が見られた。後述するクローネンベルグの商業学校やヴァヴェルベルクの実業学校の例は特に顕著なものである。また同化過程の進行が最も活発であったのも同じ時期であり、特に大都市では同化したユダヤ人が彼らの集団組織やユダヤ教会をリードしていた。さらに後述のようにユダヤ出自の知識人は、世紀末にポーランドの知的生活に目ざましい寄与をなし、新しく形成されつつあった労働者階級の胎内には諸民族が混在し、社会主義者のグループも運命共同体感を有していた。たしかに増加しつつあるユダヤ人人口の中で同化した者の比率は小さかったがその役割は大きかったのである。一方小市民層、つまり商人や職人であるポーランド人とユダヤ人の間では、相互の不信・嫌悪・競争の念が存続したばかりか、かえって先鋭化する傾向も見られた。[14]

さらに付け加えると、ユダヤ人の側には住民の特別な迫害の対象とされていたという境遇から権力者の側の歓心を得る必要があり、時の権力者である分割諸国政府への忠誠を強調せざるをえないという事情があった。そのため政治的危機や民族的蜂起に際して、ポーランド人からユダヤ人が敵に協力しているという非難や告発が浴びせられ、ユダヤ人は裏切り者扱いされることになった。もちろん一方では、ポーランドの革命運動に共鳴し、共通の迫害者である分割支配権力に対する戦いに参加するユダヤ人が存在した。ポーランドの民主派はポーランド人とユダヤ人の利害の共通性を理解しており、1830年代の「ポーランド民主協会」の綱領や1846年の「クラクフ宣言」などに見られたように、そのプログラムに信仰と民族的出自にかかわりのない市民的権利の平等の要求を掲げている。また1861年に、11月蜂起（1830年の最初の対ロシア蜂起）の30周年を記念する集会とデモが開かれたときロシア官憲との衝突が起きて5人の犠牲者が出たが、その追悼式を主催したワルシャワの民族運動の指導者たちはプログラムの中にロシア政府に無視されてきたユダヤ人解放の要求を明記した。一方、ラビのメイセルスは追悼式に参加したうえで、各地のユダヤ人集団にあてて、ポーランド人愛国的示威運動への参加の訴えを送付した。その結

果ポーランド人とユダヤ人の間には一挙に連帯のムードが高まり、ポーランドの新聞や冊子は一斉に「ユダヤ教徒たるポーランド人」という呼び方をし始めた。こうした雰囲気はヨーロッパ中に反響を呼び、慌てたロシア政府は翌62年、引き延ばしてきたポーランド王国のユダヤ人解放を宣言しユダヤ人への法的差別をほぼ完全に撤廃したのである。それでもユダヤ人たちは、パルチザン隊員として、国民政府要員として、また情報活動や軍事資料の供給の形で、1863年のポーランド人による対ロシア1月蜂起に参加したのである。[15]

しかしながら、それらのポーランドとユダヤ人関係における諸潮流の大部分は、19世紀末に衰退するかあるいは消滅した。ユダヤ人の法的解放の際に期待された希望は幻滅に終わり、形式上のユダヤ人の同権は実現したものの慣習の壁は破られることなく、大衆的といえる規模での同化は進展しなかった。それを象徴するのが、1881年12月のポグロムである。ワルシャワの教会で発生したこの事件は、ポーランド人大衆の反ユダヤ主義の自然発生的な爆発であったというよりも、信頼できる証言によればロシアの公安警察によって仕組まれた特殊な事件であった。それにしても、この挑発工作が当時のワルシャワでまんまと成功したこと、またポーランド・ユダヤ関係に重くのしかかることになったという悲しむべき事実に変わりはない。[16]

2 19世紀のワルシャワにおけるユダヤ人

以上のようなユダヤ人とポーランドの歴史的なかかわり方は、われわれの分析対象であるウッジにおいては少し異なった様相を示した。それについては後に見ることにして、ここではワルシャワにおける同化（ポーランド化）したユダヤ人の状況についてもう少し詳細に見ておこう。

ワルシャワのユダヤ人人口は、19世紀の後半に1864年の7万2776人から1911年の30万1268人へと大きく増加しており、その構成比も、1838年25％、1864年32.6％、1882年33.4％、1887年34.3％、1890年33.1％、

1895年35.5％、1897年33.7％、1900年36.4％、1905年35.8％、1910年39.2％、1911年37.8％と着実に増えている[17]。そして1795年に6000人（人口比8.6％）しかユダヤ人のいなかったワルシャワは、第1次世界大戦の前夜の1914年にはその数は33万7000人（同36.1％）に達して、ヨーロッパのユダヤ人の中で、その絶対数においても、また人口割合においても、最大の集中地となっていた[18]。またその職業構成をみると、1862年のワルシャワ定住ユダヤ人について、農業12.8％、工業17.7％、運輸業22％、手工業22.2％、インテリゲンチャ8.5％となっており、そのうち31.2％が不動産所有者、63.3％が商業に関係していた。後述のように一部の大資本家になった者を除くと、ほとんどは貧困で零細な市民の下層部を形成していたが、手工業を担うドイツ人と並んで、ワルシャワの商業ではユダヤ人が重要な役割を演じていて、ワルシャワ経済は少数民族である彼らの活動なくしては語れない状態であった[19]。

　そうしたワルシャワのユダヤ人のうち、その居住区に留まって同化しようとしなかった人々（たとえばNalewki地区に住む小売商人・商店主・代理人・仲買人たち）は、1914年に至るまで周囲のポーランド人社会から大きな影響は受けなかった。一方伝統的な居住区を出て同化しようとしたユダヤ人の場合でも、その文化変容と同化の程度と過程は実にさまざまであった。あるユダヤ人は過去とのつながりを一切断って、ユダヤの家系のすべての記憶を消し去りながら、新しい環境の中に埋没していったし、他方では新しい環境を受け入れながらもこれまでの共同体を改革し近代化する努力をしながら、そこに属し、またそう意識し続けた人々がいた。両者を明確に分けることは、キリスト教受洗というものをもってしても難しい。たとえば最も著名な人々を含めた多くのキリスト教化したユダヤ人でも、彼らの親類縁者との関係を保ち続けていたりするのである。さらに、多くのユダヤ人がユダヤ主義と縁を切り、かといってキリスト教徒になることもせず、不可知論または無神論のほうに流れていったという現象も見られた[20]。

　ここで、次節で後述する企業家のグループを除く同化したユダヤ人について、キェニェヴィチに従っていくつかにグループ分けしながら簡単に見てみよう。最初のグループは「フランク派[21]」と呼ばれる人々である。この

グループがワルシャワで最初に完全に同化したユダヤ人で18世紀半ばにまで遡れる。数千人のグループのうちの一部はポーランドに定着し、キリスト教徒となってポーランド名を名乗った。彼らは完全にユダヤ人であることをやめ、ポーランド貴族と同等の法的地位を認められていたが、しかしユダヤ人からもキリスト教徒からも懐疑の目でみられ、身内に結束していった。法律、教育、軍人の分野で成功した人が多い。11月蜂起の際には、アレクサンデル・クリシンスキのようにその曖昧な態度について告発されたユダヤ人もいたが、一方で協力者や愛国者もいたという弁護もあり、世代とともにだんだん真のポーランド人になっていったとも評価されている。19世紀後半には、フランク派と旧来からのポーランド貴族との婚姻が進み、ユダヤの血は薄くなっていった。

　第2のグループはワルシャワにおけるハスカラ運動の支持者である。彼らはユダヤ主義を信じながらも、厳しい宗教規則の緩和やユダヤ人学校の世俗化を求めた。19世紀のポーランドの法律はユダヤ人たちに公的な法行為におけるポーランド語の使用を要求したので、彼らはそれに堪能である必要があったのである。ワルシャワにおける教育先駆者の1人アントニ（アロン）・アイゼンバウムはラビの学校を創ったが、この学校はヘブライ語と聖書の知識に習熟し、かつポーランド人たちと開かれた関係を築きながら、ユダヤ人社会をリードしてくれる多数の若者を育てることを目的としていた。5年間の中学課程では宗教科目以外はポーランドで教えられた。西欧諸国とは異なり、ワルシャワのハスカラはユダヤ人の伝統社会から強い反抗を受けていたので、この学校も最初は何年も保守的なユダヤ人の不信感と戦った。当初はわずか60人しか在籍していなかったが、次第に増えて生徒数は300人に達した。そして学校の支配的なエートスはポーランド的で愛国的なものであったので、11月蜂起の時にはたくさんの卒業生がポーランドの愛国的な国民軍に加わった。またポーランドのユダヤ人のための週刊誌『夜明け』の編集者ダニエル・ノイフェルトはこの学校の教師であり、ユダヤ人の出版者オルゲルブラントが刊行した百科辞典のユダヤ関係の項目も執筆した。ユダヤ人とポーランド人の接触を奨励した『夜明け』はただちにロシア皇帝の弾圧の対象となり、ノイフェ

ルトはシベリアに数年間流刑されている[22]。

　第3のグループはユダヤ人のインテリ層である。19世紀のポーランドでユダヤ人の従事しうる職業は限られたものであったが、キリスト教化したユダヤ人は自由に聖職や専門職に就くことができた。それゆえユダヤ人学生たちはワルシャワ大学の農学研究所を含むすべての学部に進学していった。彼らの中には、のちに大学の法学部長になったヤン・カンティ・ヴォウォフスキや、ポーランド王国の検事総長ついで国務長官になったユリウス・エノッフなどがいる。しかし、そうした高い地位に登ろうとすれば通常ユダヤ人社会とのすべての絆を切り離さねばならなかった。一方でユダヤの信仰に留まった人々は、ただ1つの専門職にしか就けなかった。すなわち医学である。1818年から1830年の間にワルシャワ大学の医学部は520人の学生を在籍させたが、そのうち約30人はユダヤ人であった。後述する銀行家クローネンベルグの2人の兄弟のように、そのうちある者はのちにクリスチャンになった。19世紀の後半になってユダヤ人の知識階層が顕著に増え始めたが、ワルシャワで1860年代後半に38人、1893年に100人を超えた医者になる以外に、ロシア支配下で政府役人や裁判官への道の閉ざされていたユダヤ人インテリは、私的企業とくにユダヤ人資本の多く投下されていた銀行で働き、自由業としては芸術家・ジャーナリスト・エンジニア・建築家が多かった。ところでユダヤ人インテリの大部分は、彼らがすでに伝統的な服装を脱ぎ去り流暢なポーランド語を話したという意味で、すでに文化受容されたものとみなすこともできたが、思考方法や信仰面での同化の程度を評価するのは難しいし、ワルシャワのユダヤ人インテリのどれだけが自分自身をポーランド人と考えていたかを評価することも困難である。そこには心底ポーランド人の性格を受け入れた者から、ユダヤ人の民族性を同じく心底守った人までがいたのである[23]。

　第4のグループは労働運動に参加したユダヤ人たちである。一般に権利を奪われ差別される社会的・民族的少数派は、革命的な思想にいっそう影響されやすいといえよう。同時に前述のごとく差別される者同士の連帯が生まれる契機も存在している。1880年代以降次第にユダヤ人の地位の低下したロシア領ポーランドでも例外ではなかった。ユダヤ人プロレタリ

アートの社会主義政党「ブント」結成のずっと前に、ユダヤ人たちはロシアやポーランドの同種の集団に参加した。最初にワルシャワの労働者を組織化した人物は、ペテルスブルグからやってきたばかりの若い法学生でワルシャワの豊かな商人の息子ズィグムント・ポズナンスキであったが、彼の活動もまだポーランドの最初の社会主義政党「プロレタリアート」が形成されるよりも前の話であった[24]。一部のユダヤ人はポーランド人と連帯しながら、労働運動と社会主義運動で先駆的な役割を果たしたのである。

　そのほかのグループとして、ポーランド王国のポピュリスト運動の指導者の1人で農民教育のパイオニアの1人でもあるボレスワフ・ヒルシュフェルトや、19世紀のワルシャワの文化生活へ大きく貢献した本屋を営むグリュックスベルグ、ナタンソンをはじめとするユダヤ人などがいた。同じく本屋で出版業も兼営する有名なサムエル・オルゲルブラントはヘブライ語でもポーランド語でも本を出版しているが、彼らすべての家族は、ほとんどが同化したユダヤ人となって、ユダヤ文化とポーランド文化の両者の普及と深化におおいに貢献したのであった[25]。

　ところで、ワルシャワのユダヤ人共同体における同化の傾向は、20世紀にさしかかって減退した。ポーランド人の間で反ユダヤ主義の宣伝が増えはじめ、伝統的なゲットーを離れた教育のあるユダヤ人は、次第にポーランド社会にとけ込むことを拒否し始めたのである。ある者はシオニズムに熱中し、別の者は社会主義の「ブント」にのめり込んだが、多くの者はロシアの文化にひかれ、あるいはコスモポリタンの西欧にひかれていった。自分自身をポーランド人だと考えているユダヤ人は、時には何世代にもわたって同化の進んできた家族においても、厳しいジレンマに直面した。彼らは祖先からの伝統のつながりを絶ち、過去と彼らのルーツすら忘れようと試みたが、ポーランド人社会は条件付きでのみ彼らを受け入れ、ユダヤ人はみずからがユダヤ人であることを意識させられることが多くなった。ある同化したユダヤ人はポーランド人としての愛国心を示し始めた自分の息子の将来を思い、「この子はポーランド人として生まれながら、支配するロシア権力は彼にロシア人であることを強い、反ユダヤ主義のポーランド人も彼がポーランド人であることを許さない。もちろん彼はドイツ人となる

ことを望んではいないし、それにもはやユダヤ人ではありえないのだ」と嘆いている。[26] ここに、時代とともに次第にみずからの民族的アイデンティティの確立に困難をきたし始めた同化ユダヤ人の姿を見いだすことができる。

3　ユダヤ人の経済活動とその評価

　次に19世紀のユダヤ人による経済活動がポーランドの歴史の中でどう評価されるかという点について考えてみよう。序章で述べたように、ポーランドでは従来、歴史の中での経済人の活動についての関心があまり高くなかった。というのもポーランド史の特殊性から、注目されるのはつねに民族独立闘争の英雄や政治活動家もしくはせいぜい君主や国王や神父のエピソードであって、そもそもごく一部を除いてブルジョア市民層とくに企業家への社会的関心が低かったのである。したがって、裕福なブルジョア層（企業家）や小市民層の中心をなすユダヤ人・ドイツ人やほかの外国人の活発な経済活動の、19世紀のポーランドの経済発展過程における役割は過小評価されてきた。[27]

　近代ポーランドの社会経済構造の形成は、1795年から1918年まで独立した国家をもたず、ロシア・プロイセン・オーストリアの分割支配のもとで、それぞれの支配国の経済的利害を優先させられつつ、自国の独立のために経済的自立を課題としたという、きわめて複雑な条件下に行われた。国民の全生活が支配国に従属していたということが、ポーランド固有の市民やブルジョア層発展にとってマイナスとなった。過去の社会構造をこの時期に改革することなくそのまま引きずった結果が、都市の発育不全と、政治・社会生活のすべての面でのシュラフタの優勢であった。長い年月にわたる都市に対する農村の優位、商工業に対する農業の優位、そしてシュラフタ＝地主の経済活動への嫌悪感が、19世紀を通じて経済社会と文化生活に大きな影響を与えてきた。

　さらに加えて、ユダヤ人に対する潜在的な民族的・宗教的な偏見が、19世紀にはユダヤ人との経済的競争関係によっていっそう強められ、そのユ

ダヤ人を中核とする市民・ブルジョア層の発展の問題への関心の薄さの原因となったのである。旧来のシュラフタ的・地主的価値観からは、ポーランドらしさやその歴史的使命のシンボルとみなされた土地財産所有者（つまりシュラフタ自身）以外の農業や商工業活動に従事する人々とその活動については、なんら重大な関心がもたれることはなかったし、彼らにおいて、歴史のある家名とロマンティックで愛国的な伝統を受け継ぐシュラフタの栄光に対立するのは「恥ずべき高利貸し」であった[28]。かくて、もともとポーランド史の中での市民層の経済活動や、ましてや企業者活動に関する関心が薄かったという事情が、ポーランドにおける少数民族の経済活動に関する研究不足という今日の状況を生んだのである。

　一般に国の経済発展にとって不可欠な都市の経済発展と経済構造の変革は、市民の意欲と積極性を引き出すその社会的な地位の上昇なしには不可能であろう。ポーランドの市民層は長らく国家の社会生活の欄外に取り残されており、急速な変化を促進するような活動や理念がその中に育まれることは希であった。さらに分割の悲劇は、特にワルシャワの市民がそれまで蓄えてきた富をも損なった。国家の没落は、始まろうとしていた都市の成長と、市民の経済的・社会的・政治的解放を中断してしまった[29]。そのような未熟な都市と市民層の中にあって、前節で述べたように、その住民のかなりの部分をなすのはユダヤ人であった。ワルシャワにおいてユダヤ人の職業が商業や手工業中心であったこともすでに触れたが、ロシア領ポーランド（ポーランド王国）全体を見ても、各職業の中でユダヤ人の占める割合は、農業 0.6％、工業・手工業 29.2％、商業・金融保険業 79.2％、運輸業 27.0％、労働者・使用人 11.0％、官吏・法曹 2.8％、医薬業 24.1％、研究職・芸術家 19.6％、教育職 52.9％となっていて、商工業者と教師や医者が特に多くなっている[30]。

　みずからも大企業家であるヤン・ブロックはその自伝の中で、19世紀ワルシャワを代表する企業家として、エプスタイン一族、シモン・ローゼン、アブラハム・コーヘン、サロモンとルドヴィク・ハルペルト、レオポルド・クローネンベルグ、スタニスワフ・ラスキ、イグナツィ・ノイマルク、テオドルとヘンルィク・テプリッツ、ユディタ・ヤクボヴィチュ、ピオトゥ

ル・スタインケラー、ウゥビェンスキ兄弟、ヤン・アントーニ兄弟の名をあげているが、最後の3者を除いて、18世紀末ぐらいにポーランドにやってきたユダヤ人たちばかりである。そのうち一部が、蜂起の後も経済活動を続けて銀行家・工業企業家となり、1864年以降はワルシャワ・ブルジョア層の頂点に立っていた。1870年にはこの町に30の銀行と、17の手形交換会社があり、その最大のものはヨーロッパにも知られた大銀行家レオポルド・クローネンベルグの商業銀行と、1871年にエプスタインのグループによって設立された割引銀行であった[31]。

ワルシャワの代表的経済人の多くはこのような銀行家・金融業者であったが、その生い立ちを見てみると、18世紀末や19世紀初めの革命とナポレオン戦争の時代には、危険も多いが儲けも多い軍との契約（最初は対プロイセン、次いでロシア、フランス、再びロシア）が彼らにとって巨大な富の源泉であった。当初の小さな会計事務所は、政府独占事業の請負と鉄道融資によって、巨万を運用する私設銀行に発展した。事業の成功は、政府の役人との密接で親しいつながりに依存していたが、それは役所のオフィスでの関係にとどまらず、個人的なつき合いとある種の社会的生活スタイルに結びつく。何人かの銀行家は第3次分割の後に、ユダヤ人の中産階級がすでに同化をし始めていたベルリンからワルシャワにやってきた。その経験がワルシャワのユダヤ人がポーランド人の服装や態度に移行するのを促進した。短命のワルシャワ公国時代（1807-15年）、ユディス・ヤクボヴィチやネー・レヴィ-ブッツァといったユダヤ人たちは、瀟洒なサロンを作ってポーランドの貴族とフランスの将軍たちを招いたのであった。そしてまた十数家族からなる彼らのサークルは、幾多の婚姻によって互いに固く結ばれてもいたが、しかし一方で取引所ではすさまじい競争をし、鉄道の利権をめぐって激しく競い合った。

セリグ・ナタンソンやマティアス・ローゼンのような銀行家は正統派ユダヤ教徒のまま生涯を送り、シナゴーグに対する強力な支援者であった。しかし全体としてこうしたグループは、第2世代はまだとしても第3、第4世代になると次第にキリスト教化した。サムエル・アントニ・フレンケルは1806年には受洗し、レオポルド・クローネンベルグは1845年、ヤン・ブ

ロックとスタニスワフ・ロトヴァンドは 1851 年、レオ・レーヴェンスタインは 1857 年、そしてエプスタイン家の最初のヤンも 1850 年代にキリスト教の洗礼を受けている。また 1820 年頃ワルシャワのフリーメイソン支部は、エプスタイン家の何人かとレオポルド・クローネンベルグとほかの何人かの銀行家を受け入れている。ユダヤ人でも重要人物とみなされればユダヤ人地区外の市の中心部に住むことを許されていたから、彼らは 1810 年頃からそこへ移り住み始め、1836 年にはその数は 124 家族に達していた。ほかに、土地や一代または世襲の貴族（準男爵位）ですら購入する権利を与えられていたし、19 世紀末にはそれら一族の娘の多くはポーランドの貴族に嫁いでいた。この時代、キリスト教化していようといまいと、ワルシャワの銀行家たちはほとんど例外なくポーランド人とみなされていた。彼らはポーランドの社会生活に完全にとけ込み、さまざまな「実業」事業の大きな貢献者となった。それでもなお彼らにユダヤ人の出自であることを否定する理由は何もなかった。[32]

　ここで再びよく知られた企業家一族の名を列挙すれば、クローネンベルグ、ナタンソン、エプスタイン、ラヴィッチ、テプリッツ、ヴェルトハイム、ヴァヴェルベルク、ブルン、シュレンキェルおよびヤン・ブロックということになろう。これらの中で誰が企業家・銀行家あるいは商業資本の代表者であるかを決めることは難しい。ほとんどすべてが商業、工業、公務にかかわり、新しい産業として 1870、80 年代に急速に進んだ鉄道建設に関しても彼らは強い関心をもっていた。しかし彼らの中で最も鉄道建設事業に熱心で、真の事業家としてロシア全体の中で「鉄道王」との評判をとっていたのは、レオポルド・クローネンベルグとヤン・ブロックであった。ここではそのクローネンベルグを取り上げてもう少し見ていこう。[33]

　19 世紀の後半にポーランドで進展した新しい社会経済関係への転換過程の中で、商工業の発展という局面ではユダヤ人が大きな役割を果たしたわけであるが、その中で最も大きく貢献したと考えられているのはレオポルド・クローネンベルグ（1812-78 年）である。彼の父サムエル（1773-1826 年）は、第 3 次分割の後プロイセンからワルシャワにやってきたフリーメイソンで、1820 年に銀行を創設していた。サムエルはポーランド人との

相互親善と愛国心の共有に理解があり、自由主義的なポーランド人グループとの共生を重視する考え方で子どもを育てた。この家庭での雰囲気がレオポルドの人生に大きな影響を与えたと思われる。[34]

　レオポルドは商業の勉強のための外遊から戻った後、1832 年に家業の銀行経営を受け継いだ。若くて活動的で機転に富んだこの青年経営者は、政府の財政当局と特別な関係を結び、最初は他の企業家と共同で、ついで単独で国家が管掌するタバコ事業の請負に乗り出した（1839-60 年）。彼は海外での経験や研究成果を生かして、新式の機械や設備を設置し、紙製品の新技術を導入し、高給で専門家を雇い入れるなどタバコ会社を根本的に近代化した。彼の精力的でエネルギッシュな企業経営に加えて、路上での喫煙が禁じられていたような時代の中で次第に喫煙の習慣が広がっていったという背景もあって、この事業は彼に数百万ルーブルともいわれる巨富をもたらしたのであった。その死（1878 年）にあたって残された彼の財産は約 2000 万ルーブル（当時のレートで 1 億 3300 万ズウォティ）と評価されたが、その多くは政府にからんだこの事業によって蓄えられたものであった。それ以外にも彼の企業家としての活動は多岐にわたり、1851 年に自分の商社を設立した後、特に鉄道建設（1864-67 年ワルシャワ―テレスポル線、1874-77 年ヴィスワ川線）と鉄道経営（1869 年ワルシャワ―ウィーン線、ワルシャワ―ビドゴシチ線）、アンジェイ・ザモイスキと共同のヴィスワ川の蒸気船会社、製糖会社（1843 年以降）、炭坑（1870 年以降）、商業銀行（1870 年他の銀行家とともに開設）等、新しい経済分野に積極的に飛び込んで、自身の企業を起こしたり他の企業に融資した。[35]

　このような企業家としての活動と並んで、クローネンベルグの政治的・社会的活動にも顕著なものがある。彼は 1850 年代に「ポーランド新聞」を買い取り、1859 年には当時文筆家として最も有名だったユーゼフ・イグナツィ・クラシェフスキを編集者に迎えて社会文化事業への一歩を踏み出していた。また彼は 1 月蜂起の時のブルジョア地下組織「白党」の創始者で指導者の 1 人でもあり、追いつめられた蜂起参加者を援助した。蜂起後はさまざまな慈善活動を行ったほか、ワルシャワ商人評議会に加わり、さらにワルシャワ工業家協会、ワルシャワ火災保険会社（1870 年）や商業学校

(1875年)の創設にも関与した。彼の活動はユダヤ人に反発する保守派を含む広いポーランド人の間で高い評価を受け、その死にあたっては「今日、最もすばらしいポーランド人の1人を埋葬する」という言葉によって葬られたのであった。[36]

4　ポーランド近代社会とワルシャワのユダヤ人

　同化したユダヤ人とあくまでも伝統を守り通そうとするユダヤ人の間には厳しい対立局面があったし、経済活動によって富裕化したユダヤ人と都市における最貧困層を形成したユダヤ人大衆との間には、極端な二極分解と緊張関係が生じていた。それを考慮しても、以上見てきたようにワルシャワにはさまざまなユダヤ人がおり、近代都市としてのこの町の発展の中で、歴史の大きなうねりの基底をなす大衆としてであれ、歴史の流れを転轍する卓越した個人としてであれ、いずれにしても重要な存在であったことがわかった。

　ポーランドにおけるその評価はまだ十分なものではない。先に示した事情だけでなく、ポーランド人の微妙な心理的要素がユダヤ人の活動に対する評価を邪魔している。というのは、かつて行われたあるアンケート調査の結果では、ポーランド人の多くはみずからの民族主義的自覚に由来する肯定的なユダヤ人像をもっており、そのきめ細かく几帳面で組織的な行動に長けると一般化されるようなユダヤ人やドイツ人と対極のところにみずからの民族的アイデンティティを認めていて、それは結局ユダヤ人に対する対抗意識をもたらしている。そしてポーランド人のモラルの優位性をめぐる競争意識からユダヤ人のメシア的民族主義にならった「ポーランド性」が作り上げられ、一方ユダヤ人の側にも、ポーランド人に対して同じ関係を逆にみた態度が形成されるというのである。この特別な意識のうえでの民族的競争関係は、結局反ユダヤ的な敵対感情を呼び起こす結果につながりやすい。[37]したがって、みずからの歴史の中でのユダヤ人の評価は、意識的にしろ無意識のうちにしろ、なおざりにされる傾向があったである。

しかし、ようやく今日その状況が改められ始め、「ポーランドの歴史はそこに住む少数民族の歴史と分かちがたく結びついている。そういう認識が、そこから確かな結論を導き出すのはまだ先のことだとしても、ポーランドの歴史家の著作の中に次第にはっきりと示されるようになってきた」[38]。そして「どのような反論があろうとも、ポーランド社会に合流したユダヤ人の波は、ポーランドの経済と文化に疑問の余地のない利益をもたらしたのであり、とりわけポーランド知識人の隊列を豊かにし、強化したのであった」[39]というポーランド人研究者の声も聞くことができる。

　ワルシャワのユダヤ人、とりわけクローネンベルグに代表される企業家や銀行家たちは、急速に近代化を進める19世紀ポーランドの新しい事業に積極的に関与することでその富を築き上げている。鉄道のような新しいインフラ整備に彼らの企業心と資本、そしておそらくネットワークは不可欠なものであったし、たばこ会社や製糖会社など国の財政にかかわる国策的な事業を請け負うことができたのは彼らだけであった。そのためには政治の指導層、社会の上層部との緊密な関係が必要となっていたのである。極端な単純化を恐れずにいえば、ポーランド社会の伝統的なリーダーたちと親密に結びつくことで、ワルシャワのユダヤ人たちは19世紀ポーランド社会の近代化に大きな役割を果たしたのであった。その意味でワルシャワのユダヤ人企業家は、後の章で検討するウッジの繊維工業の発展におけるドイツ人企業家やユダヤ人企業家とは少し性格の異なる存在として、その歴史的役割をとらえることができるのである。

〈注〉

1　中山昭吉「ポーランド啓蒙思想とユダヤ人」『社会思想史研究』社会思想史学会、1985年9号、33頁。
2　人口のおよそ10%を占めるシュラフタと呼ばれる貴族層が、みずからの主体性と権利を守るために絶対的な王権の強化を阻んで国政を支配したが、彼らの保守的傾向と過度の自由擁護のために議会の機能麻痺が生じた。
3　J. Tomaszewski, red., *Najnowsze Dzieje Żydów w Polsce*, Warszawa, 1993, s. 5.
4　J. Tomaszewski, red. op. cit. s. 13.

5 柴理子「東欧のユダヤ人」百瀬宏ほか『東欧』自由国民社、1995年、214-215頁、および坂倉千鶴「ポーランドのユダヤ人とユダヤ文学」宮島直機編『もっと知りたいポーランド』弘文堂、1992年、217-224頁。
6 中山昭吉「ポーランド啓蒙思想とユダヤ人」『社会思想史研究』社会思想史学会、1985年9号、37頁。
7 中山昭吉、前掲論文、33頁。
8 坂倉千鶴、前掲論文、217-223頁。
9 J. Tomaszewski, red. op. cit., s. 13.
10 坂倉千鶴、前掲論文、223-224頁。
11 S. キェニェーヴィチ著、阪東宏訳『歴史家と民族意識』未来社、1989年、197-199頁。
12 武力行使や政治的革命ではなく、日常の着実な経済・文化活動や教育・社会改革を通じて民族の自立性の維持と独立を獲得しようという19世紀後半のポーランドの思潮。
13 S. キェニェーヴィチ、前掲書、199-200頁。
14 S. キェニェーヴィチ、前掲書、202-205頁。
15 S. キェニェーヴィチ、前掲書、200-202頁。
16 S. キェニェーヴィチ、前掲書、205-208頁。
17 W. Bartoszewski and A. Polonsky eds., *The Jews in Warsaw. A history*, Oxford 1991. p. 214, 255、および山田朋子「19世紀後半ワルシャワの社会経済構造——ロシア帝国の一地方都市として」『駿台史学』69号、1987年2月、133頁。
18 S. Kieniewicz, Assimilated Jews in nineteenth-century Warsaw, in W. Bartoszewski and A. Polonsky, eds., op. cit. p. 171.
19 山田朋子、前掲論文、133-134頁。
20 S. Kieniewicz, op. cit., pp. 171-172.
21 ヨーロッパ東部でメシア的風潮への神秘的信仰を保持した人々。18世紀後半には前世紀にメシアを自称したサバタイ・ツェヴィとその後継者の再来であると主張するヤコブ・レイボヴィツ(フランク)を中心に集まる。タルムードとラビを否定し、キリスト教的「準三位一体論」の信仰告白を表明した。シーセル・ロス著、長谷川真他訳『ユダヤ人の歴史』みすず書房、1966年、224頁。
22 S. Kieniewicz, op. cit., pp. 173-175.
23 S. Kieniewicz, op. cit., pp. 176-177.
24 S. Kieniewicz, op. cit., pp. 177-178.
25 S. Kieniewicz, op. cit., pp. 178-180.
26 S. Kieniewicz, op. cit., p. 180.
27 R. Kołodziejczyk, Wybitni działacze gospodarczy ludzi w procesie rozwoju Kórlestwa Polskiego w dobie niewoli, w Image przedsiębiorcy gospodarczego w Polsce w XIX i XX wieku, Warszawa, 1993, s. 39.
28 R. Kołodziejczyk, op. cit., s. 40.
29 R. Kołodziejczyk, op. cit., s. 41.

30 J. Tomaszewski, red. op. cit., s. 37.
31 R. Kołodziejczyk, op. cit., s. 41-42.
32 S. Kieniewicz, op. cit., p. 173.
33 R. Kołodziejczyk, op. cit., s. 42.
34 R. Kołodziejczyk, op. cit., s. 42 および *Encyklopedia Historii Gospodarczej Polski do 1945 roku*, Warszawa, 1981, s. 385.
35 R. Kołodziejczyk, op. cit., s. 42-43 および *Encyklopedia*, op. cit., s. 385.
36 R Kołodziejczyk op. cit., s. 43 および *Encyklopedia*, op. cit., s. 385.
37 I. Krzemiński red., *Czy Polacy są antysemitami? Wyniki badania sondażonego*, Warszawa, 1996, s. 102-104, 219-228.
38 J. Tomaszewski, red., op. cit., s. 5.
39 S. キェニェーヴィチ、前掲書、208頁。

第3章

多民族社会ポーランドとウッジ

はじめに

　われわれが考察の対象にしようとしているのはウッジである。第1章でも見たように、ウッジは19世紀ポーランドの都市化や工業化を象徴的に表す都市であり、同時に同じく19世紀ポーランドを代表する都市ワルシャワとは特に民族構成においてまた異なった性格をもつ都市であった。19世紀の初頭に人口数百人にすぎなかったウッジ市は、その後移住してくる手工業者や商人や、本格的に繊維工業が発展してくるにつれて大量に流入する賃金労働者たちによって急速に人口を増やし、政治の中心地ワルシャワに次ぐポーランド第2の都市に成長していった。そのうち、繊維業の手工業者や工業家にはドイツ系の移住者が多く、その数は19世紀末に市人口の20％を超えていた。他方、中世以来ポーランド、とりわけその都市部に大挙して居住するようになっていたユダヤ人は、当初ウッジ市にはその数が少なく、1815年以降のポーランド王国時代になって次第にその数を増やし、19世紀末には市総人口の30％近くを占めるようになっていた。したがって19世紀末におけるウッジ市の人口のうちポーランド人は半分にも満たず、総人口が短期間に急速に増加したことと、相対的にポーランド人の数が少なく、ドイツ人の数がポーランドの他の地域に比べて非常に多いということがウッジ市の人口の大きな特色をなしていた。言い換えれば、ドイツ人とユダヤ人とポーランド人をともどもに主要な人的

構成要素としながらウッジ市は発展していったのである。この点を確認しながら、ポーランド王国の中の中心的な工業都市ウッジがどのような性格をもつ都市であったのかを見ておこう。

1　ウッジ繊維工業の発展と人口増加

　まず、ウッジ市の発展をその人口の動きから確認しておこう。ポーランド王国による繊維工業区の設定前後から第1次世界大戦までのウッジの人口を示すのが第3-1表である。これはPuśがJanczakの研究をもとに整理したものであるが、数字に人口調査でしばしばウッジ市の人口に加えられていた市域外の郊外人口は含まれていない。したがって、一般によく引用される1897年のセンサスによる人口31万4000人や1911年の51万2000人、1913年の50万6000人よりも少なくなっている。本章で採用した同じくPuśによる他の集計とは、各表に見られるように市の人口総数に一部で相違が見られるが、ここではこの第3-1表の人口数が、残された史料からわかるウッジ市内の人口をもっとも網羅したものとみなして分析を進めたい。

　ウッジ市はすでに14世紀にはマグデブルク都市法が与えられていたという歴史をもつ都市であるが、19世紀にいたるまではむしろ農業的な性格をその特徴としていた。外部から人が流入してくるような要素はなにもなく、18世紀の末に、のちにウッジ市の衛星都市となるパビャニツェ市が500人程度、ピォトゥルクフ市は4,000人以上の人口があったのに対して、ウッジ市の人口は1793年でわずか91人であった。しかし、当時ポーランドのこの地方を分割支配していたプロイセンの政府所有都市になってから経済活動が活発化し、次第に人口が増えて、1809年には514人、1820年には767人を数えている。そして1815年にロシアの支配下にポーランド王国が成立すると、ウッジ市はその西部国境近くに位置する王国政府所有の都市となった。

　成長が見られ始めたといっても、ポーランド王国成立時のウッジ市は人

第3章 多民族社会ポーランドとウッジ　61

第3-1表　ウッジ市の人口

年	人	年	人	年	人	年	人
1820	767	1844	18,558	1877	51,385	1896	181,801
1821	799	1845	17,305	1878	58,973	1897	197,107
1824	939	1847	15,073	1879	69,034	1898	255,000
1825	1,004	1849	17,567	1880	77,450	1899	269,357
1826	2,000	1850	15,565	1881	89,166	1900	283,206
1827	2,837	1851	18,190	1882	96,863	1901	294,864
1828	4,909	1852	24,116	1883	99,039	1902	307,570
1829	4,896	1853	21,488	1884	105,665	1903	320,486
1830	4,343	1854	23,481	1885	106,450	1904	328,586
1831	4,717	1855	33,285	1886	111,690	1905	343,944
1832	5,131	1857	39,110	1887	117,432	1906	329,056
1833	5,357	1864	40,319	1888	121,013	1907	328,383
1834	7,578	1865	40,121	1889	125,925	1908	341,416
1835	7,595	1867	40,695	1890	130,028	1909	393,526
1836	9,610	1868	43,194	1891	136,091	1910	408,442
1837	10,645	1869	44,167	1892	143,933	1911	423,727
1839	14,770	1871	47,659	1893	149,989	1912	441,096
1840	18,582	1873	48,941	1894	156,130	1913	459,353
1842	20,000	1875	49,501	1895	168,512	1914	477,862

（出所）　W. Puś, Zmiany liczebności i struktury narodowościowej ludności Łodzi do roku 1939, w M. Koter, M. Kulesza, W. Puś i S. Pytlas（2005）*Wpływ wielonarodowego dziedzictwa kulturowego Lodzi na współczesne oblicze miasta*, Łódź, s. 13.

口800人弱の一小都市にすぎない。やがて、この都市を舞台に、ポーランド王国政府による工業育成政策、具体的には国外手工業者を招いての繊維業移植・保護政策が開始されたのである。政府によるさまざまな調査のあと、動力として利用可能な川の存在や交通の便、政府所有林に近いことなどから、1820年にはウッジ市に道路建設と繊維手工業者入植のための区画設定（計画道路と菜園用地付きの宅地造成）が行われた。入植者にはその宅地が無償提供され、しかも6年間租税や地代が免除されたほか、本人と息子の兵役免除、家財や道具類の持ち込みに対する関税免除、家屋・作業場建設用材木の無償提供、補助金支給などの特権が与えられ、さらに製

品の最終仕上場を市が建設し、プロテスタント系の教会・牧師館の建設にも市から補助が与えられた。手工業の入植地としては、まず毛織物地区である「ノヴェ・ミャスト地区」Nowe Miasto が 1821-23 年に建設され、次いで綿と麻の織物・紡績地区である「ウトゥカ地区」Łódka が 1824-28 年に建設された。[3]

　工業区が設定された 1820 年代後半からウッジ市の人口は着実に増加し始め、1840 年代にしばらく停滞した後、1850 年代後半から再び増大し 19 世紀末にさらに急激な増加が見られる。20 年代に始まる人口増加は、王国政府の働きかけによって生じたドイツ方面からの繊維業者（主として中小の織物工）の来住によるものである。[4] 政府による財政的支援やウッジの繊維業の将来性への期待から、それは大量の移住現象となって市人口の規模を拡大した。手工業地区が建設される前に 767 人であったウッジ市の人口は、1825 年には 1,000 人を超え、1830 年代の初めには 4,200 人、1830 年代の終わりには 8,500 人を数えている。政府の施策に反応して、短期間にいかに大量の手工業者がウッジ市に流入し始めたかがわかる。

　1840 年代に入ると急激な人口増加に対応してウッジ市は市域を拡大し、政府によって県庁所在地に定められた 1841 年に市の人口は一挙に倍増して 1 万 6000 人に達した。その後 1840 年代に経済の停滞を反映して人口増加はいったん停滞するが、世紀半ばからは後述する別の要因も加わって、一層ダイナミックな人口の増大が見られた。1850 年代に入ると人口は再び増勢に転じ、1860 年代の初めに 3 万人を、1864 年には 4 万人を、そして 1870 年代後半には 5 万人を越えて、1880 年には 6 万人近くに達しているのである。この時期はウッジがまさに繊維手工業の都市から繊維の大企業が林立する都市への変貌を遂げていた時代にあたる。さすがにその後の人口増加率は次第に下がっていくが、それでも 1875 年から 10 年後の 1885 年には 10 万人と人口は倍増し、1890 年代の後半には 20 万人、20 世紀初頭には 30 万人、そして第 1 次世界大戦前には 50 万人にも達して、40 年間で 10 倍に人口が膨らんでいる。この人口増加の規模とテンポはポーランド王国の中ではやはりウッジ市の特別な経験といわざるを得まい。[5]

　ところで、世紀後半に激しい人口増加をもたらした新しい要因とは、

1) ポーランド王国とロシアにおける鉄道の発展、2) 1850 年のポーランド王国のロシア関税圏編入と「金関税」として知られる 1877 年のロシアによる保護関税の設定、3) それらの結果として生まれたウッジ繊維製品に対する巨大なロシア市場、4) 繊維工業における技術革新の進展、5) ポーランド王国内の国内市場を拡大し、かつ安価で大量の工場労働者を生み出すことになった 1864 年の農奴解放、6) ユダヤ人の居住制限を解除し、土地取引や公的な職業へのユダヤ人の参加を認めた 1862 年のいわゆるユダヤ人解放令、そして 7) ポーランド王国とりわけウッジにおける金融機関の設立である[6]。それぞれの時期における人口増加の内実には異なった特徴があって、それは後述する市人口の民族別分布に反映されていた。

なおウッジ市の人口急増の現象を人口密度について見てみれば、1840 年に 534ha 市域が拡大したことによってウッジ市の面積は 2,739ha となり、そのおかげで 1825 年から 15 年間で 1km² 当たり 40 人から 60 人に増加していた人口密度は 50 人に下がったものの、その後 1906 年まで市域の拡大はなく、当時の人口密度は実に 1km² 当たり 1 万 2460 人にも達していた。1906 年に市の面積が 2,739ha から 3,811ha に増えたことによって、その値は 9,000 人にまで下がったのであった[7]。いずれにしてもこの急激な都市化現象は、ウッジ市の住民にとって解決しなくてはならない多くの社会問題をもたらしたのである。

2　ウッジ市の発展と各民族人口の増大

このような人口におけるウッジ市の急成長の内容をなしていたのは 3 つの民族からなる入植者の流入であったが、ウッジ市の住人がどのような民族構成になっていたのかをみる場合、次のことに注意する必要がある。19 世紀の人口統計上、民族のカテゴリー分類は実は必ずしも統一されたものではなかった。19 世紀前半の人口調査では、宗教を基準にユダヤ人かキリスト教徒かという分類がなされるのが普通であって、キリスト教徒の中のカトリック、プロテスタント、ロシア正教の分布がわからない場合も

あった。1850年代、60年代にはスラブ系等の「出自民族」が大まかに問われ、明確に「民族」が直接調べられたのは1921年の調査からであった。他方で「宗教」による分類は1897年のセンサスと1911年、1918年の地域での人口調査にも用いられた。ゆえに多くの時期で確認の取れるのは宗教別の人口の変化ということになる。さらに1880年代には市の総人口の半分を占めていた「非定住者」についてその民族調査の信頼性がさらに劣ることなどから、あくまで一応の目安に過ぎないという面があることに注意しなければなるまい。

　1897年のセンサスでは宗教別人口と併せて「母語」による調査も行われているので、その時の宗教別分類と母語による民族別人口の構成を比較してみると第3-2表のようになる。この表の中のロシア人その他の項には、駐留ロシア軍とその家族約4,500人が含まれ、その他はチェコ人593人、ウクライナ人376人、フランス人184人そしてそれ以外に数十人から十数人規模の民族グループがいた。見られるように、市人口のほとんどを占めた3つの民族については、カトリックはポーランド人、プロテスタントはドイツ人、ユダヤ教はユダヤ人というように、言語と宗教の分布はほぼ一致している。例外は、たとえばカトリック教徒のうち1万2800人（8.4％）が母国語をドイツ語と答え、プロテスタントのうち2,900人（5.2％）がポーランド語を母国語とし、ユダヤ教徒のうち4,100人（4.1％）がポーランド語、1,200人（1.2％）がロシア語、1,000人（1.1％）がドイツ語をそれぞれ母国語としていた。これについてJanczakは、カトリックのうちドイツ語を使用する人数が過大評価され、プロテスタントのうちでポーランド語を母国語とする人数が無視されているのではないかと推測している。所属民族とは異なる職業上の言語状況が反映されていたり、ウッジに住むドイツ人のポーランド化を反映しているものとみることができよう。しかし、この宗教別の構成比の動きを、ほぼ民族別人口構成を示すものと考えることができるので、それに基づいて、各民族別人口を見てみよう。なお、ロシア人（ロシア語を使用する住民）の数は、家族を含めて4,500人のロシア軍人が統計に含まれているために住民の比率としては過大に現れているといえよう。

第3-2表　1897年ウッジ市の民族別人口

宗教別人口	千人	%
カトリック	151.7	48.3
プロテスタント	56.5	18.0
ユダヤ教	98.7	31.4
ロシア正教その他	7.1	2.3
市総人口	314.0	100.0

民族別人口（母国語による）	千人	%
ポーランド人	145.6	46.4
ドイツ人	67.3	21.4
ユダヤ人	92.4	29.4
ロシア人その他	8.7	2.8
市総人口	314.0	100.0

（出所）　J. K. Janczak, Struktura narodowościowa Łodzi w latach 1820-1939, w W. Puś i S. Liszewski red. (1991) *Dzieje Żydów w Łodzi 1820-1944*, Wybrane problemy, Łódź, s. 48.

　第3-3表は宗教別人口を示したものである。ここではカトリックはポーランド人を、プロテスタントはドイツ人を、ユダヤ教はユダヤ人をそれぞれ示すものとみなして、民族別の人口増加の動きを見ていきたい。ポーランド王国政府がウッジを舞台にその工業化政策を考え始めた時、都市法を与えられて法制上は都市に属するとはいえ、実態としてのウッジは農業を主とする小さな村落でしかなかった。1820年のその人口は767人で、うちカトリックが65％、プロテスタントが2％、ユダヤ人が34％を占めていた。その後20年代初めからすこしずつプロイセン領となっていた周辺のポズナニ地方から毛織物工がウッジにやって来たが、1825年以前の毛織物工の流入はまだ100名ほどであった。[12]ウッジの人口がほかに例がないほど急激に増加し始めるのは、1820年代後半に王国政府がウッジを当時の主産業である毛織物ではなく綿・麻織物中心に育成政策を展開し、それを受けてザクセンやプロイセンから大量の織物工がウッジに移住し始めてからであった。そのことは1828年には1820年と比べて市人口が6倍に増え、ドイツ人の割合が1,400人、31.8％になっていることに示されている。その後もウッジ繊

第 3-3 表　ウッジ市の宗教別人口

年	市総人口 千人	カトリック 千人	%	プロテスタント 千人	%	ユダヤ教 千人	%
1820	0.767	0.496	64.7	0.012	1.6	0.259	33.8
1828	4.4	2.5	56.8	1.4	31.8	0.5	11.4
1846	14.1	7.2	51.0	5.4	38.3	1.5	10.6
1850	15.6	6.8	43.6	6.8	43.6	2.0	12.8
1855	24.6	11.5	46.7	10.3	41.9	2.8	11.4
1864	33.5	13.1	39.1	13.9	41.5	6.5	19.4
1875	49.4	19.4	39.3	17.1	34.6	12.9	26.1
1885	106.3	40.7	38.3	40.7	38.3	24.9	23.4
1890	129.5	49.3	38.1	48.6	37.5	31.6	24.4
1895	166.0	70.8	42.6	52.2	31.4	43.0	25.9
1900	280.0	140.3	50.1	70.9	25.3	68.8	24.6
1905	336.7	164.6	48.9	88.4	26.2	83.7	24.9
1914	481.2	252.9	52.5	64.5	13.5	163.8	34.0

（出所）W. Puś, Zmiany liczebności i struktury narodowościowej ludności Łodzi do roku 1939, w M. Koter, M. Kulesza, W. Puś i S. Pytlas (2005) *Wpływ wielonarodowego dziedzictwa kulturowego Łodzi na współczesne oblicze miasta*, Łódź, s. 19-20.

維工業の活況に惹かれるようにドイツ人の入植者は増え続け、不況から市の人口が停滞する1840年代もその増加傾向は続き、1850年代、60年代には市のポーランド人人口を凌駕するほどであった。

　1850年代後半から先にあげたような要因で繊維工業のさらなる発展が始まると、市の人口は再び着実に増加し始めて、1850年から5年間で2倍に増えて1855年には3万人を超え、1860年代半ばに4万人、1870年代半ばに5万人、1880年代にはさらに急速な人口増加を実現して、1880年代半ばには10万人に達した。その間、ドイツ人の人口もますます増えていくが、70年代以降、特に市の人口が20万人、30万人と一挙に拡大していく90年代に目立つのはポーランド人人口の急激な増加である。第7章で見るように、これは農奴解放以降に、それまでにも存在していた周辺農民の工業賃金労働者としての都市集中がこの時期きわめて顕著になったことを示している。しかもウッジ市内に直接移住するだけでなく、第7章で触れる

ように、ウッジに隣接したヴィゼフ Widzew、ホイヌィ Chojny やバウティ Bałty などの村落に大量のポーランド人農民が市内工場の労働者として集住してきていた。ドイツ人人口が絶対数では増加し続けているのに、市人口に占める割合が50年代の4割強から90年代後半に3割を切って、20世紀初頭には市人口の4分の1にまで低下しているのはそのためである。

　第3-3表にはないが、第1次世界大戦前に行われた最後の調査である1911年の統計は、やはりウッジ警察管内の市近郊地区を含むものの、市民だけの人数を知ることができる（つまり軍隊は含まれない）。それによれば、カトリックが26万7100人で52.1％、プロテスタントが7万1900人で14.0％、ユダヤ教が16万7100人で32.6％、正教その他が6,400人で1.3％であった。ドイツ人は最初に設定された手工業地区を中心に市の南東部に集住し、ユダヤ人は市の北東部のユダヤ人居住区から中心部にまでその居住範囲を拡大しつつあった。[13]

　次にそれぞれの民族別の人口の動向とその背景に注目してみよう。まず、その比率の大きさがウッジ市の特徴となったドイツ人についてみると、ポーランド王国政府が王国の繊維手工業・工業の発展のために国外の手工業者を招致する方針を決めたあと、手工業者を招請するために国内外に案内書が送付され、情報提供と募集を目的としたエージェントが各地に派遣されたが、熟練手工業者の流出を恐れるプロイセンの抵抗にもかかわらず、それらの働きかけに応じてやってきた入植者の半分はザクセン出身、3分の1はチェコ出身、そして残りの多くはシュレージエン（シロンスク。当時プロイセン領）出身であった。[14] つまり当初の入植繊維手工業者のほとんどはドイツ系の人々だったのである。のちに見るようにウッジ市の総人口に占めるドイツ人の割合は次第に低下していくが、繊維企業家（手工業者・大企業経営者）や市の知識人層の中でのその存在は引き続ききわめて大きいものがある。

　その人口における相対的な割合の大きさと並んで忘れてならないのは、ウッジ市が拡大し始めた頃にやってきたドイツ人の経済的な状況、つまりそのウッジ市への移住の経済的背景である。彼らはその祖国において近代的繊維工場との激しい競争によって生活基盤を奪われかねない危機的な状

況にあった手工業者であって、ポーランドという繊維業における後進地域への移住によってその熟練技術の相対的な価値を高め、王国政府や地方政府による財政的援助とポーランドとロシア市場の存在に将来の生活への希望を見いだすという事情のもとにあった。[15] のちにウッジ市で本格的に繊維工業が発展し始めるにつれてやって来たドイツ人の場合には、第5章で見られたすでにウッジに住むドイツ人との血縁的あるいは出身地の地縁的な人的ネットワークの存在も指摘しうるであろう。いずれにしても、彼らのウッジ市への移住は一時的な出稼ぎという性格のものではなくて、ウッジ市でいかに安定した経済的基盤を築くかということは、彼らにとって生活と生存をかけた死活問題だったのである。

　次にウッジ市のユダヤ人の動向についてみてみよう。第3-3表では19世紀前半の民族別人口の動向はほとんど示されていないので、Puśによってそれ以前の時期からのユダヤ人人口と市の総人口中のその割合を示したのが第3-4表である（先に述べたようにこの表と第3-1表では市の総人口に微妙な差異が見られるが、今は無視しておく）。ユダヤ人の人口には、ドイツ人やポーランド人とは明らかに異なる変化が見られる。ユダヤ人はおそらく16世紀末にはウッジ市に来住しており、少なくとも1715年には彼らに関する最初の記述資料が残っている。[16] しかし、18世紀末までのウッジ市が商業中心地や主要な交通路から離れた位置にあって農業を主な産業とする人口200人に満たないほとんど農村と変わらない町であったことと、市がもともとはカトリック司教の所領であったことからその数はきわめて少なく、1793年でわずか11人、市の人口191人の6％でしかなかった。

　1796年から98年にかけて当時プロイセン領であったウッジ市がプロイセン政府の所有する都市に変更されると、ガラス製造場が近くにできるなど市をめぐる経済状況が好転したうえに、属領に居住するユダヤ人に他の民族と同じような法的権利を認めようとするプロイセン政府の姿勢（姿勢にとどまったが）もプラスして、市の総人口もユダヤ人の居住者も増加していった。ナポレオンの影響下に生まれたワルシャワ公国時代にもその趨勢は続いて、ウッジ市のユダヤ人は1809年には100人弱となっている。19世紀に入ってポーランド王国時代になってもユダヤ人の法的地位は改善さ

第3章　多民族社会ポーランドとウッジ　69

第3-4表　ユダヤ人人口とウッジ市人口中の割合

年	人	%	年	人	%	年	人	%
1793	11	5.7	1845	1,457	10.0	1862	5,380	16.6
1808	58	13.4	1846	1,443	10.2	1863	5,633	16.9
1809	98	19.1	1847	1,424	10.1	1864	8,463	20.3
1820	259	33.8	1848	2,067	13.7	1870	10,000	20.9
1823	288	36.0	1849	2,060	13.7	1875	12,900	26.1
1825	342	24.0	1850	2,010	12.9	1880	14,400	24.2
1827	397	14.0	1851	2,323	12.8	1885	24,900	23.4
1828	448	10.4	1852	2,408	12.7	1890	31,600	24.3
1832	450	10.6	1853	2,425	11.3	1895	43,000	25.5
1833	512	9.8	1854	2,741	11.7	1897	92,400	29.4
1836	705	10.7	1855	2,775	11.3	1900	68,800	24.3
1839	772	9.0	1856	2,886	11.7	1905	83,700	24.3
1841	1,359	8.3	1857	3,050	11.6	1909	88,200	22.4
1842	1,439	8.6	1858	4,553	15.5	1911	167,048	32.6
1843	1,529	9.3	1860	4,597	15.4	1913	171,900	34.0
1844	1,411	9.7	1861	5,380	16.6	1914	162,500	32.5

（出所）　W. Puś（1998）*Żydzi w Łodzi w latach zaborów* 1793-1914, Łódź, s. 26-27.

れなかったにもかかわらず、ウッジ市におけるその数は増え続ける。特に前述のようなポーランド王国の工業育成策によってウッジ市で繊維業の発展が展望されるとユダヤ人の数は少しずつ増えて、1820年代には300人近く、市の人口の30％を超えるまでに増加していった。

　ただウッジ市総人口が急激に伸びるその後の時期になると、ドイツ人ほどの人口急増は見られず、むしろ繊維工業の発展の程度と比べれば増勢は控えめなものであり、ユダヤ人人口の増加率はその前後の時期に比べて相対的に低い数字にとどまった。ユダヤ人の数と総人口に対する比率が30年代から50年代半ばまでほぼ十数％程度に停滞したのは、その法的地位が改善されなかったことに加えて、彼らの居住地が制限されていたことによるものであった。[17] 1822年5月7日にポーランド王国政府は、政府所有の都市についてユダヤ人居住区の設定を決定した。ウッジ市については1825年9月27日に市内北部にユダヤ人居住区が設定され、1827年7月1

日までに一部を除いてすべてのユダヤ人はそこに移り住むこととなった。[18]
このユダヤ人居住区は1858年から60年にかけて若干拡大され、またユダヤ人の法的地位や経済活動の自由については、1861-62年の「1月蜂起」の際に独立を求めて武力蜂起したポーランド人の側からも、それを鎮圧したロシア政府の側からも、さまざまな改善策が提起された。

しかし1860年代以降新たな勢いでユダヤ人人口を増加させたものは上記の成果というより、基本的にウッジ市における繊維工業の本格的な発展とそれを核とする同市の経済的隆盛であった。[19] それ以降大量のユダヤ人のウッジ市への移住が見られ、ユダヤ人人口と市の総人口に対する割合は、第3-4表に見られるように市の発展と歩調を合わせて増加し、第1次世界大戦の前夜にはついに市の人口の3分の1に達したのであった。[20]

3　各民族の職業別構成

すさまじい勢いで増加するウッジ市住民の民族的な構成は、言うまでもなくそのほかのたとえば職業分布、性別・年齢別人口構成、教育制度、文化的生活環境などの問題と密接な相互関係を有していた。ここでは職業別の人口構成との関連に触れてみよう。ただし19世紀前半の職業分類の基準はあいまいであり、また市内全住民の職業別人口分布を正確に知ることはほとんど不可能であって、残された各種の史料から、多くは人口の一部についておおよその様子をうかがうにとどまる。Janczakの整理によれば1820年の住民767人のうち従事する職業のデータの得られる210人をみると、農業従事者が35.2％、工業・手工業が21.0％、商業・飲食業が12.9％、公務員・自由業が1.0％、使用人・日雇いが30.0％となっている。ウッジで工業育成策の準備が始まったばかりのこの段階では、市の中心的な産業は依然農業であることがわかる。次に1825年には総人口の37.8％にあたる1,004人の職業がわかるが、農業が21.1％、工業・手工業47.9％、商業・飲食業が14.7％、公務員・自由業が0.5％、使用人・日雇いが15.8％となっており、1828年の4,273人（総人口の13.9％）の職業をみると、農業が13.3％、

工業・手工業73.7％、商業・飲食業が12.3％、公務員・自由業が0.7％であった。1828年には日雇いの項目が調査から欠けているが、両年の数字から明らかなのは農業従事者の明らかな減少傾向であり、統計上の職業区分の問題を勘案すれば工業・手工業部門の急激な人口増加が想定できる。[21]

同様の傾向はその後も続き、1845年には1万4585人（総人口の12.4％）について農業2.4％、工業・手工業74.2％、商業・飲食業が9.1％、公務員・自由業が2.9％、使用人・日雇いが11.4％、1850年には1万5565人（総人口の28.4％）について農業2.3％、工業・手工業55.7％、商業・飲食業が8.6％、公務員・自由業が1.1％、使用人・日雇いが32.3％、1855年には2万4560人（総人口の24.9％）について農業2.0％、工業・手工業34.0％、商業・飲食業が6.3％、公務員・自由業が0.9％、使用人・日雇いが56.9％、さらに1859年には2万9450人（総人口の22.6％）について農業2.1％、工業・手工業25.6％、商業・飲食業が6.9％、公務員・自由業が1.2％、使用人・日雇いが64.1％、そして1863年には総人口の25.9％にあたる3万3417人について農業0.6％、工業・手工業13.9％、商業・飲食業が7.0％、公務員・自由業が0.4％、使用人・日雇いが78.1％となっていた。19世紀半ばの日雇いはほとんど工業・手工業で雇用されていたから、今や繊維工業において大量に賃金労働者を雇用する工業都市ウッジの性格がその職業別人口構成にはっきりと反映されているのである。[22]商業従事者の割合が意外に低いことが目につくが、それは工業化を反映した数字であってウッジ市だけの現象ではないとJanczakは言う。ただほかのデータでは1852年と1854年に商業従事者はそれぞれ14.4％、17.4％となっている。[23]1897年には職業従事者およびその扶養者合わせて30万9603人（つまりほぼ総人口）のデータが得られるが、それによれば農業0.4％、工業・手工業56.1％、商業・銀行・保険16.2％、公務員・自由業2.7％、運輸・通信2.7％、使用人・日雇い17.4％、配当・国家支給金等受領者3.5％、その他0.3％、不明0.7％であった。[24]

ところでユダヤ人は土地所有を規制されていたから、1820年に人口の3分の1を占めていたユダヤ人のうち誰一人農業に従事してはいない。[25]それは1861年でも同様であって、当時1,023人いた農業従事者の中にユダヤ人は1人もいない。この年ウッジ市のユダヤ人は5,380人で総人口3万2344

人のうちの16.6％を占めていたが、職業のわかっている1万2444人について、その他の民族よりもユダヤ人の方が多かったのは交通（計61人中）80.3％、商人72.1％、相対的にユダヤ人の割合が多いのは飲食業28.4％、職人22.5％、金融業・不動産所有者18.3％、租税請負人17.8％などであり、農業のほかに少ないのは工業（手工業を含む）と公務員のともに1.7％であった。同じく1897年でみると、総人口の29.4％を占めていたユダヤ人の割合が多い職業は、商業・銀行・保険74.5％、配当・国家支給金等受領者34.7％、運輸・通信34.3％、公務員・自由業30.4％であり、少ないのは農業5.0％、使用人・日雇い18.0％であった。また地域は偏っていたものの、ウッジ市の建物のうちユダヤ人の所有になる棟数は次第に増えて、1864年10.5％、1893年27.6％、1913年31.0％であった。これらの数字から、商業や交通・通信業に特化しながら金融や不動産資産を蓄積していく一方、農業や工場労働者の少ないユダヤ人の職業の特徴が明らかになるであろう。

　同じ1897年に市人口の21.4％を占めていたドイツ人の場合には、配当・国家支給金等受領者30.5％、工業・手工業28.4％が多く、農業も19.4％を占めているのに対して、公務員・自由業が12.7％、商業は10.7％、運輸・通信にいたっては4.0％の割合しかなかった。すでに述べたように、ポーランド王国政府の政策によってウッジ市に繊維手工業が定着し始めた19世紀の前半期には、手工業者の多くは移住してきたドイツ人であった。ウッジ市で手工業に代わって繊維工業が本格的に発展してくる時期になってもその数はゆっくり増え続けるものの、他の民族との相対的な比重は次第に低下していった。

　ところがウッジ繊維企業の所有者層、とりわけその上層部に関しては、ドイツ人の比重は最後まで高かった。今当時の基準に従って5人以上の雇用者がいれば工場主とみなせば、繊維工業におけるドイツ人企業家の数と全工業企業家のうちのその割合は、1865年242人（62％）、1869年185人（58％）、1879年126人（42％）、1884年101人（46％）、1893年158人（36％）、1900年207人（32％）、1904年246人（23％）、1910年282人（26％）、1913年306人（25％）となっている。ドイツ人企業家は絶対数では増えていながら、相対的な割合は低下傾向にある。1900年以降は企業家の絶対数でもユダヤ人に

追い越される。ところが、ここに企業規模を考慮に入れるとドイツ人企業家の割合が不変であることが明らかになってくる。すなわち1869年や1879年の段階で201人以上を雇用する企業の経営者はドイツ人だけであった。1884年に同規模以上のユダヤ人の企業家が現れるものの、それ以降もドイツ人企業家の優位は動かず、繊維工業におけるその割合は1893年に201-300人規模で80.0％、301人から1,000人規模で66.8％、1,000人を超える規模で60.0％、1900年に同じく63.2％、63.8％、75.0％、1904年に40.8％、74.0％、47.1％、1910年に52.6％、64.3％、57.9％、1913年には再び201人以上を雇用する企業の経営者はドイツ人だけとなっている。[30]

対照的なのはポーランド人の繊維工業へのかかわりで、1897年の調査において職業のわかっているポーランド人6万5531人について、最も多い職業は工業・手工業の61.6％であり、次いで使用人・日雇いの27.1％であった。この数字はユダヤ人の40.1％と19.2％よりも、ドイツ人の73.2％と12.5％に近く、職業構成からいえばポーランド人はドイツ人と似たタイプといえそうである。[31]ところが1900年に5人以上の労働者を雇用していた企業家648人（繊維以外の工業を含む）のうち、ドイツ人が327人（繊維業は207人）、ユダヤ人が279人（繊維業は245人）に対して、ポーランド人は繊維以外をあわせてわずか19人で648人の2.9％にしかならない。[32]それも200人以上を雇用するポーランド人企業家は皆無である。すなわち、ポーランド人は多数が繊維工業に従事しているといってももっぱら繊維工業の労働者としてであって、そのことは1864年にウッジ市の宗教別人口比率がカトリック38.7％、プロテスタント41.0％、ユダヤ教19.6％であるのに対して、市の労働者人口の比率がカトリック50.6％、プロテスタント43.0％、ユダヤ教6.0％であったことからも明らかである。全体での人口比率に比べて、労働者に関してはポーランド人とみなしうるカトリックの割合が格段に多くなり、その分だけユダヤ人の比率が下がっている。[33]

さてこのように人口の増え方や職業の構成についてかなり性格を異にするポーランド人、ドイツ人、ユダヤ人の三者がウッジ市を作り上げたのであるが、彼らはそこでいったいどのように相互の関係を作り出し、共同していったいどのような社会を築き上げたのであろうか。次にその点を見ていこう。

4 「ウッジ人」の「小さな祖国」と3つの民族

　複数の民族が出会ってひとところに住めば、各民族を結びつけて一定期間安定的な関係を作り上げる何らかの枠組みができるまでは、何か強制的な圧力が上からかけられない限り相互の関係はいたって複雑になって、しかもさまざまな機会にその複雑さは問題となって噴出しやすい。19世紀のポーランドは、一時期ポーランド王国政府が実質的に存在したとしても、ロシアという他国の権力がある程度間接的な支配力をこの地に及ぼす状態が続いていたから、多民族の問題は市民の生活のいろいろな場面に顔を出すことになった。それは友好的で協同的関係であるよりも、まずは敵対的な対立関係という色合いで表に出てくることになる。

　前述のようにウッジ市のユダヤ人は一定の居住区に住むことを強制されていたが、実は1825年の法令によって2万ズウォティ以上の財産をもつユダヤ人にはその地区以外にも住むことを許されていた。ところが、富裕な家族もあったにもかかわらずユダヤ人は誰一人狭い居住区以外に住もうとはしなかったのである。その理由は市の中心部である手工業地区に住むドイツ人への反発と警戒からであった。というのも1821年にズギェシ市というウッジの近くの町にドイツ人毛織物工が招かれて住んだ時、彼らは県知事のK. Witkowskiと「新しいドイツ人入植地にはユダヤ人が住むことも土地を取得することも許可しない」という条件を申し出てその内容の協約（いわゆる「ズギェシ協約」）を結んでいたからである。ウッジ市当局もこの協定に倣おうとしていた。このドイツ人とユダヤ人の間の反目から、ユダヤ人はドイツ人の住む地域に近づこうとせず、手工業地区ノヴェ・ミャストにユダヤ人が初めて住み着いたのはようやく1833年のことであった。[34]

　また、前に見たようにウッジ市のポーランド人はもっぱら繊維工業における賃金労働者として移住してきた人々であって、周辺地域にまだ多くの潜在的な競争相手であるポーランド人労働予備軍をもつ以上、彼らは激しい競争のもとでダイナミックに発展する繊維企業によってその労働を搾取

されやすい立場にあった。前述のごとくそれらの繊維大企業の所有者はもっぱらドイツ人と一部のユダヤ人であったから、労働者と資本家という対立の構図は、ポーランド人とよそ者の民族という対立の構図に置き換えて理解されやすかった。そのようなものとして、ウッジ市での賃金労働者の困難やポーランド人の不遇な生活の原因が、そして「ポーランドのマンチェスター」と称されたウッジ市の急激な工業の発展と活発な都市化の進展がもたらした厳しい社会的緊張と紛争の原因が語られていたのである。そのために1905年の革命時にウッジ市を見た記者で小説家のバルトキェヴィチ Z. Bartkiewicz によって市は「悪の町」と名づけられ、ポーランドの村からみれば「ポーランドの敵の隠れ家」とも呼ばれたのであった。[35]

　さらに、ポーランドは1795年以来完全に他国によって分断され、国家が消滅させられていた。被支配民族としてのポーランド人にとって、民族国家の再興は最も重要な国民的課題であり、民族の悲願でもあった。政治生活、社会生活の意味はすべてそこにかかっていると言っても言い過ぎではない。ところが、序章や第4章で見るように、外部から招かれてやって来たドイツ人の場合は、みずからを招き寄せ、ここで忠誠を誓うべき相手はロシアであって、ポーランド民族の独立に同調する理由は本来ない。ポーランド国内から移住してきたユダヤ人の場合も、ポーランドの複雑な歴史的背景から、ポーランドという国に対してポーランド人と完全に愛国心を同じくするとは考えにくい状況にあった。現実にロシアに対する蜂起が起きたとき、彼らの反応はさまざまであった。ある者はわが身を犠牲にしてポーランド人とともに立ち上がり、ある者は消極的にポーランド人の行動をサポートした。またある者はまったく傍観者の立場をとり、ある者はロシア政府のために進んでスパイの役割を果たした。いずれにしても、19世紀に民族問題が語られるときまずもってポーランド人自身の民族国家の再興が課題とされる社会の中では、ウッジ市の多民族的な構成は、愛国的なナショナリズムが燃え上がる中で何らかの不協和音を奏でるパートとなりがちであったのも紛れもない事実であろう。このようにウッジ市で繊維工業の成立と発展を共通の基盤にしながらそれぞれの形で定着していくポーランド人、ドイツ人、ユダヤ人の間には、多民族共存の1つの側面

として、利害と立場の違いから敵対と反発の関係ができあがっていったのである。

　しかし一方で、民族間の関係を規定するまったく逆の要素もウッジ市の歴史の中には存在していた。ウッジという町は実質的に19世紀の新興都市であったから、それ以前のポーランド社会のもつ貴族（シュラフタ）的な伝統文化の影響が少ないところであった。ここに住み始めた3つの民族は、繊維工業というポーランド社会にとっては新しい経済活動を核としてその文化や社会生活を形成していったのである。したがって、新しい工業労働者階層を形成しつつあるポーランド人にとっても、手工業者としての出自をもちながら近代的な繊維工業に適合しようとしているドイツ人にとっても、かたくななまでに独自の伝統文化を守ろうとする中からみずからを改革することによって地域社会に融合しようという動きも見せ始めたユダヤ人にとっても、ここでの市民生活の風習や価値観はそれまでのそれぞれの民族社会が伝統的にもっていたものとはまた異なったものであり得た。3つの民族が、伝統的社会から近代的工業社会への転換を共通体験としてもちながら、この地に新しい文化を何者にもとらわれずに自由に形成し得たのである。

　たとえばユダヤ人が商業から工業分野へとその経済活動の範囲を広げたとき、ドイツ人企業家の存在が1つのモデルとなった。とりわけユダヤ人の中でも改革派の人々は、進んでドイツ文化（とりわけブルジョア文化）を取り入れることによってユダヤ人の中に新しい企業家階層を形成しようとした。[36] またドイツからもち込まれたスポーツの習慣はやがてポーランド人、次いでユダヤ人の間にも広がり、その他のドイツのさまざまな風習が他の民族の習慣と混じり合った。教会ではポーランド人とドイツ人が聖歌の合唱団を組み、映画が民族や地位を問わずに手頃な娯楽となるとともに、大衆のレベルで他の民族を理解する助けとなった。そしてドイツ様式とポーランド様式の解け合った建物のスタイルは、ウッジ市に独特の景観を与え、さらにそれぞれの言語さえもが相互に影響し合うようになったのである。[37]

　また、自由で競争的な経済活動の中で、創意と工夫を通して財産と地位

を築いていくという資本主義的な価値観を共有したことで、いずれの民族にとっても、ウッジ市にこそビジネス・チャンスがあるという共通の前提条件が成立した。ウッジ市の繊維工業のさらなる発展を実現すること、これがすべての民族に共通する政治的・社会的目標となったのである。ウッジ市の繊維工業はロシア市場に大きく依存していたからロシア政府の通商政策や関税政策の影響は大きく、それに対する政治的な働きかけではウッジ市の各民族も共同歩調をとり得たはずである。さらに日常の仕事上のコンタクトは、各民族間の接触と融合に大きく貢献した。日常生活ではドイツ人やポーランド人と距離を置いていたユダヤ人も、取引やパートナーとしての接触には積極的であった。ドイツ人とポーランド人の間の仕事上のコンタクトも大きく進展した。工場労働者同士の交流は、1日のほとんどをともに過ごす作業場や労働者住宅での直接的接触によって最も進んだのである。[38]

　周辺の貧しい小都市や村からやって来たポーランド人にとっては、繊維工場での働き口があって生活が成り立ち、それなりに社会の中で市民として上昇しうるという点で、ウッジ市はまさしく「約束の土地」であった。[39] それはドイツ人やユダヤ人にとっても同じである。しかしウッジ市はできたばかりの、しかも規模においてもテンポにおいてもほかに例のないほど急激な拡大を経験した都市であって、都市の諸施設や環境の整備はまったく後手に回っていた。そういう中で、第9章でみるような、ドイツ系の慈善団体やユダヤ系の慈善団体の活動は、病院建設や福祉施設の経営を通してウッジ市の経済的・社会的基礎条件の向上に大きく貢献したのであった。そこにおいても、両者の指導者間で交流と連帯が生まれた。[40]

　各民族の大衆を大規模に巻き込むような政治的・社会的抗争や衝突があると、1892年の自然発生的なゼネストの時にいきなり反ユダヤ暴動が始まってしまったように、他の民族や異なった宗教に対する激しい敵愾心と反発が生まれることがある。しかし一方で、そうした社会的緊張の中でグループ間に強い連帯が表明されて、同じ都市に住む者同士の絆が深められることもある。ロシアで1905年革命が広がった時に、ウッジ市でもそれに呼応して工場労働者による大規模なストライキが繰り広げられ、その際

異なる民族グループ間で頻繁に連絡が取られ、何度も相互の連帯が表明されている。デモやストライキにはロシアからのポーランドの独立という政治的要求も絡められていたが、1905年6月の数万人規模の自然発生的なデモが流血事件に終わったとき、犠牲者の中にはポーランド人だけでなくユダヤ人もドイツ人も多数混じっていた。翌年デモの首謀者として5人の労働者が銃殺刑に処せられたニュースが伝わると、全市をあげて、民族を越え、工場を越えた大規模な抗議行動が巻き起こったのである。労働者の中には国際的な連帯の観念すら存在していた[41]。

　このような友好的で協力的な関係を精神的な部分で最も端的に表しているのが、彼らに共通して見られたウッジ市へのある種の所属感、望郷の念であろう。ドイツ人やユダヤ人が次第にウッジ市に根を下ろしていくにつれて、彼らは市に特別な親愛の情を示すようになる。そういうときに彼らはウッジ市を称して「小さな祖国」（mała ojczyzna）と呼んだ。この「祖国」という言葉は、自分が属している、あるいは属していた地理的な空間を指しているだけではなくて、その地域とそこに属している集団に対する心情的共感と文化的価値観の共有が示されているととるべきであろう。「小さな」という形容詞がつくことによって、それがイデオロギー的な、あるいは近代国家的な、あるいは民族的なものではなくて、個人的な、小集団的なものであることを表している。言葉を換えると、ある特定地域に、それぞれ「祖国」を異にする複数の集団が共存して、その地域を日常的体験を通して「小さな祖国」として共有し合うという現象が起こりうるのである[42]。

　ウッジ市を離れたあとそこにそのような「小さな祖国」を懐かしむドイツ人やユダヤ人は多いが、彼らはみずからの青春時代、ともに暮らした人々、建物や通りの風景など身近なものへの共感と回顧の念を表明する。またドイツ人の間には「ウッジ人」（Lodzermensche）という言い方もあった。民族的な祖国はドイツであると言いながら、すでにウッジ市で生まれた数世代を経て、今やウッジ市に愛国的な感情を抱くようになった人々である[43]。彼らの懐かしむウッジ市は、たとえばドイツ人の場合ならドイツ人だけからなっている小世界ではなくて、さまざまな民族と文化が混じり

合ってそれらの反発と交流が町に１つのリズムを作りだしているような空間であり、お互いの競争と連帯によってその小世界自身も成長を遂げているような空間であった。そのようなダイナミズムを内包するウッジという都市のもつエネルギーは、きわめて困難なはずの諸民族の連帯と共生を、近代社会の形成をめざす19世紀の激しい歴史の流れの中に作りだしてみせたのであった。

ここにはダイナミックに変化し発展していく社会の中で共通の利害と目的をもち、ビジネスや市民生活における日常的なコンタクトを通して「小さな祖国」を共有するようになった多民族の存在があった。「工場の煙突が林立する単調な灰色の街」[44]と呼ばれるウッジという都市は、19世紀ポーランドの市民社会の形成、産業社会の形成、国民国家の形成という３つの課題が織りなす独特の社会状況の中で、３つの民族からなる多数の住人を引きつけ、それら多様な人々のもつ活力によって、全般にポーランドでは遅れていた市民社会の形成が、ここではこのような形で実現したと考えることができよう。

〈注〉

1　J. Janczak, *Ludność Łodzi przemysłowej 1820-1914*, Łódź, 1982.
2　W. Puś, *Żydzi w Łodzi w latach zaborów, 1793-1914*, Łódź, 1998, s. 26-27.
3　藤井和夫『ポーランド近代経済史──ポーランド王国における繊維工業の発展（1815-1914年）』日本評論社、1989年、26頁、35-37頁。なおポーランド人はほとんどカトリック教徒であり、ウッジ市やその周辺にそれまでプロテスタントの教会は存在しなかった。
4　藤井和夫、前掲書、33-68頁。
5　先にも述べたように、ウッジ市の人口に関しては、ほぼ同じ趨勢を示しているものの実は出所の異なるさまざまなデータが残されており、またたとえば市の定住人口と非定住人口の内訳を示すデータも部分的にある。そこからは1895年から1900年の間の十数万人の人口の急増が非定住人口が一挙に10万人増えたことを背景とするということがわかる（B. Baranowski et.al. red., *Łódź, Dzieje miasta*, Tom I, Łódź, 1980, s. 196）。そうしたデータの精確な吟味については他日を期すことにして、ここでは主に Puś の数字に従って記述を進めていく。
6　藤井和夫、前掲書、89-138頁、W. Puś, Warunki i czynniki rozwoju Łodzi (1820-

1939), w W. Puś i S. Liszewski red. *Dzieje żydów w Łodzi 1820-1944, Wybrane problemy*, Łódź, 1991, s. 16 および W. Ziomek, *Udział przedsiębiorstw żydowskich w przemyśle włókienniczym Łodzi w latach 1860-1914*, w "Acta universitatis lodziensis" Folia Historica 63, Łódź, 1998, s. 94.

7 B. Baranowski, et. al. red., op. cit., s. 173, 190.
8 W. Puś, Zmiany liczebności i struktury narodowościowej ludności Łodzi do roku 1939, w M.Koter, M. Kulesza, W. Puś i S. Pytlas, *Wpływ wielonarodowego dziedzictwa kulturowego Łodzi na współczesne oblicze miasta*, Łódź, 2005, (以下 W. Puś (2005)) s. 17 および J. K. Janczak, Struktura narodowościowa Łodzi w latach 1820-1939, w W. Puś i S. Liszewski red. op. cit., (以下 J. K. Janczak (1991)) s. 42-45 および J. K. Janczak, *Struktura społeczna ludności Łodzi w latach 1820-1918*, w P. Samuś red., Polacy-niemcy-żydzi w Łodzi w XIX-XX w., Łódź, 1998, (以下 J. K. Janczak (1998)) s. 42-43.
9 J. K. Janczak (1991), s. 43, 48-49 および J. K. Janczak (1998), s. 44-45.
10 W. Puś (2005), s. 17 および J. K. Janczak (1991), s. 42-43.
11 J. K. Janczak (1998), s. 44-45.
12 W. Puś (2005), s. 19 および藤井和夫、前掲書、51-52 頁。
13 J. K. Janczak (1998), s. 45-46.
14 藤井和夫、前掲書、51-56 頁。
15 藤井和夫、前掲書、143 頁。
16 J. Malenczyk, *A guide to jewish Lodz*, Warszawa, 1994, p. 12.
17 当時のユダヤ人に対する差別や規制については、山田朋子「ポーランド王国のポーランド人とユダヤ人——11 月蜂起を中心に」中山昭吉・松川克彦編『ヨーロッパ史研究の新地平——ポーランドからのまなざし』昭和堂、2000 年、165-177 頁を参照。
18 W. Puś (2005), s. 15-17.
19 W. Puś (2005), s. 18-23 および B. Baranowski et. al. red., op. cit., s. 177-178.
20 W. Puś (2005), s. 26-27.
21 J. K. Janczak (1998), s. 49-50, 52.
22 J. K. Janczak (1998), s. 51-52.
23 J. K. Janczak (1998), s. 51, 55.
24 W. Puś (2005), s. 34-35.
25 J. K. Janczak (1998), s. 49.
26 W. Puś (2005), s. 26, 33-35.
27 W. Puś (2005), s. 42.
28 W. Puś (2005), s. 34-35.
29 S. Pytlas, Skład narodowościowy przemysłowców łódzkich do 1914 r., w W. Puś i S. Liszewski red. *Dzieje żydów w Łodzi 1820-1944, Wybrane problemy*, Łódź, 1991, s. 57.
30 S. Pytlas, op. cit., s. 64-67.

31 J. K. Janczak (1998), s. 64-65.
32 S. Pytlas, op. cit., s. 57, 74.
33 藤井和夫、前掲書、40 頁。
34 W. Puś (2005), s. 17-18.
35 P. Samuś, Łódź – mała ojczyzna Polaków, Niemców, Zydów, w P. Samuś red., Polacy-niemcy-żydzi w Łodzi w XIX-XX w., Łódź, 1998, s. 118-119.
36 F. Guesnet, Żydowskie i niemieckie organizacje w Łodzi XIX wieku: typy i stosunki, w P. Samuś red., Polacy-niemcy-żydzi w Łodzi w XIX-XX w., Łódź, 1998, s. 189-191.
37 P. Samuś, op. cit., s. 131-134.
38 P. Samuś, op. cit., s. 131-132.
39 P. Samuś, op. cit., s. 119.
40 F. Guesnet, op. cit., s. 174-179.
41 P. Samuś, op. cit., s. 136-138.
42 P. Samuś, op. cit., s. 118, 120-121.
43 P. Samuś, op. cit., s. 124-127.
44 P. Samuś, op. cit., s. 124.

第 II 部

繊維工業の発展

企業家と労働者

第4章

19世紀ウッジの企業家像

はじめに

　序章において、社会主義時代のポーランドでは企業家が経済の発展において意味のある経済主体としてとらえられなかった事情を見た。マルクス主義の歴史観からブルジョア階級として負の役割を与えられて、その客観的な真の姿をとらえる意味は顧みられなかったのである。やがて政治体制の転換にともなってそうした状況は大きく変わることになったが、その後もポーランド史の中で企業家が果たした役割については、ややネガティヴな見方が引き継がれていた。先に見たコウォジェイチクの整理に従えば、社会主義時代の企業家に対するマイナス・イメージの影響がある以外に、ポーランドの企業家の構成が極端にユダヤ人やドイツ人に偏っていたこと、特に亡国の19世紀における歴史の担い手に強くロマン主義的な精神性を求めるポーランド人の心性、地主や貴族が経済生活をリードしていた19世紀ポーランドのもつ田園的な性格と民族的なアイデンティティ重視の心性等が、このような否定的な企業家像がつくられる背景となっていた。そうして序章で述べたように、コウォジェイチク自身も、ワルシャワの企業家グループの中にポーランド社会の文化的な特徴であるロマン主義への共感と、それゆえのポーランド民族的要素への同化、独立の回復という民族的課題への共鳴を抽出し、それを軸にこれらの企業家を評価しているように感じられるのである。

たしかに19世紀のポーランド社会には、民族国家の復興という大きな課題が与えられていたのであり、社会のあらゆる構成員にとってそれは何よりもまず果たされるべき使命であったのかもしれない。だからこそ、コウォジェイチクがそうした試みを行った今から三十数年前のポーランドでは、強欲とか搾取者と呼ばれていたそれらの商人や銀行家や工業家たちを民族の英雄に選ぶこと自体大変なことであった。しかし、工業化初期の企業家というものを経済史的ないしは経営史的な文脈で理解しようとすると、このコウォジェイチクに代表される見方は、まだあまりに特殊ポーランド的過ぎて、ポーランドにおける工業化初期の企業家のイメージを客観的にとらえられなくなっているような気がする。そもそも企業家というものは、歴史の中で本来どのような役割を担うものなのであろうか。本章では、この点について改めて考えてみたい。

1 工業化初期の企業家像

工業化における企業家の大きな役割を主張する立場の代表は、いうまでもなくシュンペーターの考え方であろう。彼によれば、その本当の意味において企業家の機能は単に企業を営むことではなく、企業を創出することによってこそ発現される。それゆえに、企業家はリーダーシップの社会的現象の特殊ケースなのである。リーダーシップは、既存の経験やルーティンに従って処理すべき事柄ではなく、何か新しくこなさなくてはならない事柄があるときに発揮される。企業家の機能とは、経済の分野におけるこのリーダー機能にほかならない。

つまり、経済主体である企業家が旧態依然としたメンタリティ、視野、知識そして経験をもち、ありきたりの行動をとっている限りは、社会的生産プロセスの基本的単位組織である企業も、全体としての経済の営みも、既存の経験、既存のデータに基づくなじみの軌道に沿ったものになる。日常の仕事に追われる平均的な経済主体は、普通そのような行動をとるものと考えられる。工業化以前の社会に存在した企業家は、そのような平均的

な経済主体であった。ところがそのような経済主体が、危機的な局面のような新しい状況に直面する場合、彼らはまったく無力である。そして、そういう大きな変化が、実際に国民経済の所与的な状況に起こったのである。すなわち工業化がそれである。

シュンペーターによると、工業化もしくは経済発展のような均衡状態のデータを変化させる状況の推移は、次の3種類のレベルで生じた。すなわち、①人口増加や機械類の増加のような継続的増加による推移、②自然界の異変や、社会的変動あるいは政治的介入のような経済外のできごとによる推移、③多数の個人が新しい可能性を認識し、その実現を要求することから生じる推移、である。最後の変化が最も重要な要素であるが、この経済の分野における新しい可能性の認識とその実現の要求は、まさしく企業家機能の本質の一部でもあった。

ここで改めて述べるまでもなく、19世紀初頭のポーランド社会の中に、自生的にそのような経済的変化（すなわち工業化）をもたらす要因は十分に醸成されてはいなかった。しかし、上記の最後の点に関していえば、民族国家の滅亡とポーランドの経済的・社会的後進性を結びつけて考える人がその指導者層には存在したし、経済分野における新しい可能性を認識し、その実現を要求していたかあるいはそうする可能性をもつ経済主体も皆無ではなかった。多数のポーランド人がそれを認識することはなかったとしても、当時のポーランド社会のとりわけ経済的な状況に対して危機意識をもつ人々と、当時のポーランド社会の中に新しい経済活動の可能性を見いだそうとする人々との出会いがあれば、ポーランドにも工業化が展望できる状況であったのである。前に触れたスターシツやルベツキ、そしてコウォジェイチクが取り上げた何人かの企業家もそれに該当すると考えることができるかもしれない。

しかしここで、現実のポーランドの企業家たちをそのような観点から評価しようとする場合、若干の問題が生じる。すなわち、真に創造的な企業家が工業化のような状況のなかで重要な役割を果たすとシュンペーターは言うのであるが、その創造的企業家はあくまでも先進工業国のケースから引き出されてきたモデルであって、特殊な政治的状況のもとで、伝統的文

化に包まれた田園的、後進的なポーランド経済社会の中に実在した企業家をそれに当てはめようとすると大きな困難を覚えるのである。

　シュンペーターは言う。こうした工業化のような状況の変化においてこそ、平均的ではない創造的な企業家の経済的リーダーシップが求められ、その企業家の新しい創造的な働きは以下のような「新結合」という形で実践される。すなわち、①新しい生産物または生産物の新しい品質の創出と実現、②新しい生産方法の導入、③たとえばトラスト化のような工業の新しい組織の創出、④新しい販売市場の開拓、⑤新しい買い付け先の開拓、である。さらにシュンペーターはこう続ける。新しい道を行こうとすれば、周囲の社会からの抵抗にも遭遇する。すなわち、慣れたことには協力が得やすいが、新しい方法には労働者が反発し、新しい製品には消費者が気乗り薄で、新しい経営形態には世論・官庁・法律・信用供与者が抵抗を示す。ルーティン・ワークでは走り慣れた軌道に乗っていたので、その国のその時代の人々の平均的知性と意志力で十分対応できたものが、上述の困難を克服するためには、少数の個人しかもたないような資質が要求される。それゆえ、1つの国民経済をそっくり新しい軌道に乗せるため、また彼らの経済経験の蓄積を新しく作り替えるため、企業家個人による経済的リーダーシップが要求されるのである。

　19世紀初頭のポーランドに存在した経済主体に、はたしてこのような新結合が可能であったのだろうか。このような、国内生産力の従来とは違う活用法の実現をめざし、いわゆる「創造的破壊」を行う経済主体を、当時のポーランドに見いだしうるのであろうか。創造的破壊の対象となる平均的な既存の企業すらもいまだ十分に形成されていない19世紀初頭のポーランドに。

　そもそも、市場経済における企業というものは一般的な形で定義しうるとしても、シュンペーターは、企業そして企業家という概念のもつ歴史性（時間的、空間的限定性）を十分認識していたはずである。とりわけ経済的後進国におけるその問題は重要な意味をもつ。実はシュンペーターの言う革新的企業家は、すでに工業化が開始され一定の発展段階に達した後に、停滞局面に至った先進社会の中で、新たな突破を実現する担い手として構

想されたという面も強い。シュンペーターの言うような、純粋な「創造的破壊」を遂行する工業化における革新的企業家を当時のポーランド社会に求める前に、われわれは、後進国における企業家という経済主体の歴史的実態について、もう少し考えてみる必要があるだろう。その手がかりとして、やはり先進国を比較対象とするという限界をもちながらも、その問題を正面から取り上げた中川敬一郎の比較経営史に注目してみたい。

中川敬一郎は、その比較経営史の意義を述べるにあたって、「企業経営に対する規定要因は多元的であるのみでなく、それら諸要因がまた企業者活動を通じて相互に影響し合っている」ということを強調する。社会現象としての企業経営は多元性を内包しているので、企業経営の歴史的実態を明らかにするには、少なくとも客観的・社会的要因としての経済過程、経営主体の思考や行動を規定し方向づける文化構造、それらとは独立に企業経営のあり方を規定する組織の3つについての学際的な研究が不可欠であり、それらの多元的な規定要因の相互作用の中で企業経営のあり方を把握しなければならないというのである。

たとえばイギリスの場合には、市民革命後の長期の政治的安定の中で、きわめて「利益追求的」な思考・行動様式が一般化し、その文化構造の中から豊富な素人的機械工層が成長し、彼らによって先駆的技術革新が推進されたことによって長期的な国際的原価優位が確保された（つまり特定の文化構造がある経済過程を支えた）。さらに、イギリスの工業化がその素人的機械工層の主導下に緩慢かつ小生産者的に進行したために、それら企業家と広大な海外市場との間には専門的輸出商社を通じた仲介商業機能が発展し、間接販売の組織が発展した（つまり広大な海外市場や小生産者的な産業革命という経済過程が、間接販売という組織を生みだした）。そして仕向地別に高度に専門化した輸出商社による間接販売が、イギリスの産業企業をますますより高級特殊品生産へと押しやり（組織が経済過程に影響）、また小生産者的発展と国際的原価優位に基づく長期安定利潤のゆえに、産業企業は外部からの大資本を必要とせず、パートナーシップ形態の家族企業として発展した（経済過程が組織を規定）。さらにはこの家族的企業形態に特有の保守性と素人的機械工層の主導がイギリス産業界に経験主

義的・個人主義的技術革新への信仰を定着させ、組織的な技術研究や大量生産体制発展の大きな制約となったのである（経済過程によって作り出された文化構造が、経済過程を規定した[10]）。

　この経済過程・文化構造・組織の相互作用の例をもう１つ、工業化に立ち遅れていた明治の日本について見てみると、顕著な国際的生産力格差を認識した武士階級が中心となって、ナショナリスティックな経営理念のもとで、工業化の初期から株式会社組織によって乏しい国内諸資源を結集し、それを近代的洋式産業の建設に集中的に投入するという組織的企業者活動が展開され、また工業化の前夜まで外国貿易の経験も組織ももたなかった日本では、総合商社という独特の外国貿易組織を発展させることになった（経済過程から１つの文化構造が生まれ、その両者によってある組織が帰結された）。さらにその後本格的な国際競争に直面した日本の産業企業では、集団主義的機能主義というその独特の社会意識から、日本的労務管理体制である終身雇用制度と年功賃金性を主要素とする経営家族主義体制を生み出していったのである（ある経済過程のなかで文化構造が１つの組織に帰結した[11]）。

　中川の指摘は、歴史的な事象としての主体的な企業経営活動（つまりは企業者活動）をどのように分析すべきかという問題意識にたつものであり、企業家の主体的な意識や諸機能を、その１つの帰結である経営組織や管理組織の形成・発展過程に即した合目的的な経営学的説明のみに限定することなく、広く社会的環境＝文化構造や経済的環境＝経済過程との相互作用のなかで把握しようとしている。そして中川は次のように主張する。企業経営における人間主体としては、歴史・社会を通じて変わらない一定不変の「経営者」あるいは無規定的なビジネスマンやマネージャーという概念が前提にされがちであるが、「現実の経営主体はそうした抽象化された経営諸機能の担い手であると同時に、何よりも具体的な生身の人間である。そして、そうした人間である限り、すべての経営主体は、一定の歴史的・社会的要因によって生み出されたものであり、歴史的・社会的環境と無関係に宙に浮いて存在するものでは決してない。当然のことながら、歴史・社会を異にするに従って経営主体たるビジネスマン、マネージャーも

またその性格を異にし、従ってまたその具体的な企業目的や経営諸機能にも差異が生じる。すなわち、企業経営の現実と歴史についてのより正しい理解に達するためには、企業も経営者も経営管理も、すべてそれらを取巻く歴史的社会的諸条件との関連において把握されねばならないのであって、企業者史研究という学問は、実はそうしたきわめて当然といえば当然な基本的理解の上に立つものである[12]」。

　以上のような考え方は、企業者による経営行動に、純粋な客観的経営学的要素以外のものが入り込まざるを得ない19世紀のポーランドのような発展途上経済での企業者活動を考える場合にはより有効であるように思われる。ただ、ここで中川にならって経済過程・文化構造・組織の相互作用を19世紀のポーランドについて本格的に考えてみる余裕はないので、19世紀ポーランドの企業家をめぐって、工業化を担う経済主体としての歴史的特性をより柔軟かつ多元的に考えてみることで、そのイメージをとらえ直してみたい。その対象を、コウォジェイチクによって民族的構成の特異性と蜂起や革命期における反ポーランド民族的性格のゆえに、ポーランドを代表する企業家とはみなされなかったウッジの企業家に定めたい。いたずらに産業資本家のみを企業家の中で重視する立場には立たないが、中心産業である繊維工業を育てながら活発な経済活動を繰り広げたウッジの企業家に、まずもって19世紀ポーランドの企業家像を求めてみたいからである。

2　19世紀前半におけるウッジ繊維企業家の実像

　工業化初期、すなわち19世紀前半のウッジ繊維企業家についての研究の中から、ここではシミャウォフスキ Józef Śmiałowski による企業家像の再検討を取り上げてみたい。彼によれば、ポーランドでは最も早くにはすでに18世紀後半に、「愛国的で、徳と教養が高く、民族の幸福に敏感である人々」という1つの理想上の企業家のイメージが作られ、それが「市民社会の発展を主たる目標にもち、進歩と発展をもたらし、社会の幸福を手助けし、そんな高尚な目的追求の余録としてわずかな利益を獲得する

人々」という、型どおりに理想化されたイメージとなって19世紀を通じて宣伝されることになった。[13] そしてシミャウォフスキも19世紀前半のウッジの企業家モデルを考えるにあたって、その態度や生き方、自己アピールの心得と並んで、企業家というものがもつ特性として、①行動力と活力、②専門的知識、③勤勉性、④動機と意欲と根気、⑤倹約性、⑥予見する能力、⑦意志決定の勇気、⑧適正なモラル、⑨一族の安定に対する配慮、⑩宗教的・民族的な偏見のなさ、⑪遵法精神、⑫愛国心、という性格をあげているが、[14] これらの項目にも、企業家のイメージに対する先の見方が反映している。

　これは一般にポーランドで理想化された企業家として表現されたイメージであって、シミャウォフスキ自身が描く現実の企業家像は、それとは対極的といえるほど異なるものである。彼は19世紀前半のウッジの企業家について、そのイメージを次のように一般化する。すなわち、19世紀初頭の企業家たちは素早い成功と富の蓄積にこそ最大の関心をもっていて、社会的な利害であるとか、慈善事業や文化的なメセナには関心がなく、総じて「法」に対する敬意にも乏しい。[15] 19世紀半ばのウッジは「多くの人々が不正に富を蓄えながら、それについて何も社会的非難が浴びせられない詐欺の都」であり、多くの企業家にとって、その活動が徳にかなうかどうかなどということについて道徳的なジレンマを感じることはなかったのである。[16] ほとんどすべての企業家は、関税、建築、信用、税金、所有権について法律を逃れようとし、法を犯している。多数の企業家が密貿易を行い、なんと密輸行為が発覚していながら密輸監視のための委員に任命された企業家さえいる。[17]

　先に示した理想化された企業家のイメージと、このようにシミャウォフスキが逆説的に暴き出す不正にまみれた汚れた企業家のイメージ。これらの食い違いは何を物語るのであろうか。その解答を求める前に、シミャウォフスキに従って、もう少し19世紀前半のウッジ繊維企業家の実像に迫っておこう。

　ウッジ地帯の工業都市の1つシエラズのハレル Adolf Harrer は、その1827年の工場倒産後に残された記録からみて、勤勉で並はずれた行動力

によって多方面のコンタクトをもっていたことがわかる。その広いネットワークはベルリン、ワルシャワ、リガ、ハンブルグ、モスクワ、ペテルスブルグに及び、またスターシツらの政府高官とも文通があって、それゆえに地元の地主たちから多大の信用を得ていた。また工場が火事になるとただちに保険金がおりたばかりでなく、5日後には政府機関から新規の助成金や信用が提供された。そして工場倒産後には、家族に対して王国政府からの十分な養育費が支払われている。一方でハレルは教養のある人物でもあり、残されたドイツ語、フランス語、英語およびポーランド語による化学、技術、歴史、文学、地理の彩しい数の書籍や地図類には、3,497 ズウォティもの課税がなされるほどであった（ちなみに彼の残した温室の評価額は500 ズウォティ）。総じてハレルは、その教養の高さと旺盛な企業心のゆえに当局からの覚えがめでたく、それをうまく利用したが、一方では投機に走りがちで企業経営には軽率な面があったと評される。しかしシミャウォフスキはその投機には優れた眼力があったことと、工場管理について計算や帳簿を導入したことを付け加えている。

次に、ウッジ地帯の南部プシェドボシに当時のポーランド王国最大かつ最新の工場（マニュファクチュア）を創設したランゲ Jan Fryderyk Albert Wojciech Lange のケースを見てみよう。彼はきわめて教育水準の高い人物で、ドイツ北部やオランダで建築学を修め、河川関係の建築も学んでいた。ポーランド女性と結婚したためにポーランド語にも堪能であった。ワルシャワ公国時代からカリシ県庁で幾何学教師および陪審判事として勤め始めている。その当時から周辺の土地も購入している。ポーランド王国が成立すると1816年から内務委員会に所属して、ピリツァ川の改修計画に参画した。のちに王国水路総監査官 Inspektor Generalny Robor Wodnych Królestwa Polskiego になるとともに建設省 Rada Ogólna Budownicza に属し、国内の主要な道路建設に携わった。ランゲは大学でも教えていて、経済学、工学、水路工学に関する著作もある。それらの功績によってシュラフタに列せられた。彼はフリーメイスンであり、活発で独立心が強いかと思えば、変にへつらうところもあって、ある人物の反対で准教授から教授になり損なうと大学を辞めてしまっているくせに、出版した本をその人

物に献呈してみたり、自分の土地に作ったガラス工場にポーランド王国の総督ザヨンチェク Zajączek の名前をつけたりしている。そして 1818 年から工業の分野に乗り出し、ピリツァ川改修時に目をつけていたプシェドボルの土地を手に入れて、コカリル John Cockerill と共同で大きな工場を建設した。彼はワルシャワでさまざまな職に就いていたおかげで、王国総督をはじめ多彩なコネをもっていて、それによって大いに助けられた。また彼の共同経営者のコカリルは、よく知られているようにベルギーで繊維機械の大工場を経営していた人物で、移住の理由は不明だがワルシャワで没しており、上記の工場の権利はロンドンで商社を営む弟の William が相続した。このような西欧との結びつきもあって、ランゲの工場の経営状態は非常によかったといわれている[23]。

　続いて以前にも若干触れたことのあるコピシュ Tytus Kopisch[24] について簡単に見てみよう。彼は 1828 年から 1846 年までウッジで麻の漂白仕上げ工場を営んでいた。個人的なつながりによって、彼の誠実さと熟練を期待した王国政府から法外なほど特権的な条件を認められていた。一部には彼の活動に懐疑的な官僚もいたが、結局当局の先見の明のなさと工業助成面での判断の誤りを示す結果となったのである[25]。というのは、コピシュは軍隊への納品契約を果たさずにその原料を横流ししたり、反ロシア蜂起の時にはロシア政府に取り入って、見返りに王国政府とポーランド銀行への返済義務を免除してもらったりしているのである[26]。彼は結局、自分の財産を最大化しようとしてあらゆる領域でその活動力を発揮する商人であった。そして並はずれた自信家で、必要に応じて政府高官を操るすべももっていたが、「勤勉」という評価を受けることはなかったし、強い個性の持ち主ではあっても、それが道徳的な面で発揮されることはなかった。その無関税での麻織物輸入等の認められた特権を悪用して密輸をしたり、麻織物製造の独占的な地位を振りかざしたりすることによって、ウッジの繊維工業の発展にとってはマイナスとなったとの評価すらなされているのである[27]。

　コピシュと同様すでに触れたことのあるガイエル Ludwik Geyer[28] とヴェンディシュ Krystian Fryderyk Wendisch およびシャイプラー Karol Scheibler にもそれぞれ簡単に言及しておきたい。まずガイエルであるが、

彼は比類なく巧みに行動した企業家といわれ、その目的を達するためには、詐欺、密輸、恫喝、ごまかし、買収、横領等あらゆることをやってのけた。[29] ガイエルは1828年のポーランドへの移住に際して、ザクセンのノイゲルスドルフに所有していた自分の工場の製品を特別に低い関税で持ち込むことを認められていたが、その時には自分の工場の所在を証明できずにその取り決めを利用できなかったのに、9年も経った1837年になってその取り決めを利用して低関税の製品輸入を実行している。彼の故郷の工場などとうの昔に倒産して影も形もなくなっていたにもかかわらずである。[30] そして何ら特別なネットワークももたず、政府高官の覚えもめでたくなかったのに、その企業は1828年の創業から1946年に国営化されるまで存続し続けた。ただし、その経営をもっぱら自己資本で賄ったと賞賛されたこともあったが、実際には他の企業同様政府の援助に多くを負っていたのであり、1828年から1846年までの種々の贈与を除く政府貸付額は92万6687ズウォティに達しているし、1860年に負債を抱えて倒産しかかった時もポーランド銀行の融資を受けている。しかも彼はそれらの借金をほとんど返済していない。[31]

次いでヴェンディシュは、ガイエルとはまったく逆に、中央でも地方でも政府当局からの評価と心証がきわめてよかった。県知事のレンビェリンスキなどは、「不屈で、勤勉で、誠実であり、もっとも有能で、もっとも礼儀正しく、もっとも勤勉で、もっとも誠実な工業家の1人」と褒め称えている。残された記録に、不正や密輸や返済不履行の苦情もなく、その率直さと正直なことは彼のあらゆる活動が実証していた。しかしながら1830年に、前年の洪水による損害や不況による販売不振がたたったのか彼が突然の死を迎えると、投機の形跡など皆無であったにもかかわらずその工場はあっけなく倒産してしまった。[32]

最後にシャイプラーであるが、彼は職業に必要な十分な教育を受け、ヨーロッパでも最良の工場でさまざまな経験を積んでいたし、ある程度自分自身の資本を有し、しっかりした考え方と企業経営に対する見通しをもち、将来に向けて冒険するだけの大胆さをもちあわせる一方で、民族的・宗教的な偏見から免れていたという、本当の意味でのポーランド王国におけ

る工業企業家の1つの典型であった。彼の出身地アーヘン地方からは、さきのコカリルのほかにシュレッサー Fryderyk Schlösser、ノイヴィル Karol Henryk Jozef Neuville、メース Fryderyk Karol Moes、ダンティン Fryderyk Dantin やカロルの叔父のアイヒマン Eichman およびパストール Pastor など「アーヘン人」と呼ばれた企業家たちがポーランドにやって来て、特に繊維工業の発展において大きな役割を果たしている。これらの人々はほかのシロンスク、ザクセン、チェコ、ポモージェ地方からやって来た人々とは異なる文化的・歴史的遺産をポーランドにもち込んだのであった。シャイブラーはドイツ語・フランス語・英語に堪能で、ポーランド語とロシア語も普通に話すことができた。彼がしっかりした教育を受け、一流の企業で実践的な訓練を積み、ポーランドで事業を始めるにあたっては親類のシュレッサーやコカリルから十分な財政的支援が得られたということを考えれば、シャイブラーは血縁的にきわめて恵まれた背景をもっていたということができよう。そこから、ほかのウッジの企業家の場合とは異なって、不法行為によって初期の資本形成を行う必要がないというまったくの例外をなしていたのであった。[33]また、後の1860年代にアメリカ南北戦争による「綿花飢饉」がウッジの繊維工業を襲った際、多くの企業が重大な危機を迎えたのに反して、シャイブラーの企業のみが何ら影響を受けることなく莫大な利益をあげることができたのも、彼が上記のような事情を背景に、最新の技術情報についても、繊維企業の経営のノウハウについても、また国際的な商取引の実務についても、当初からきわめて豊富な経験と交友関係をもっていたからであって、そのことが綿工業ではポーランド王国に並ぶものもない巨大企業に成長することを可能にしたのであった。[34]

以上6人のウッジ繊維工業初期の企業家を見てきた。そこからわれわれは19世紀前半のウッジの企業家についてどんなイメージを描くことができるであろうか。シミャウォフスキの示した理想化された企業家像と不正に汚れた企業家像との矛盾を、われわれはどう解き明かすことができるのであろうか。

3　初期ウッジ繊維企業家の評価

　19世紀初頭のポーランドは、周辺国によって分割支配されたままきわめて困難な経済状況におかれていた。政治的な独立国家の復興とともに経済的な再建が大きな課題であった[35]。そのための努力はやがてポーランド王国つまりロシア領ポーランドにおける目ざましい繊維工業の発展となって実を結ぶのであるが、その担い手となった経済主体である企業家はいったいどのような人々であったのだろうか。これまで検討してきた事柄をまとめてみよう。

　まず19世紀前半におけるウッジ繊維企業家については、①ポーランド民族国家の復活に対する冷淡な態度（反民族性）、②ポーランド人ではなく、もっぱらドイツ人やユダヤ人からなるその民族構成（片寄った民族構成）[36]、③素早い成功と富の蓄積を追い求め、不正をものともしない企業家のあくなき経営行動（汚い企業活動）、④社会全体への配慮や文化的なメセナ活動への関心の低さ（社会的無関心）、⑤一方での理想的な企業家のイメージ（理想的企業家像）、が指摘された。そして当時のポーランド社会については、⑥シュラフタ的・地主的・田園的文化（田園的ポーランド文化）、⑦実践的能力の無視ないしは軽視（非実践的文化）、さらに⑧工業化初期におけるスターシツやルベツキといった官僚の果たした役割の重要さ（官僚の役割）、が指摘された。

　①の反民族性についてはのちに見ることにして、まず②の偏った民族構成から検討してみよう。そもそも、近代のポーランド社会の特徴の1つは、その市民階層の未成熟という点であった。経済的には後進的なシュラフタという地主貴族層が社会に君臨し、商業を担うユダヤ人にもさまざまな制約が課せられていた。そのうえ社会が田園的（⑥）で、非実践的（⑦）である以上、工業化を担いうる主体としては、ポーランドの経済状況に危機感を抱く一部の開明的官僚（⑧）と、経済の発展の中に将来のビジネス・チャンスを展望しえた一部のユダヤ人を除けば、初期王国政府によってポーランドに招き入れられたドイツ人やチェコ人などの外来の企業家しか

いなかったのである。工業化のある中核部分をそれら国外からの移住企業家に託そうというのが、初期王国政府の選択であった。[37] いわばポーランド王国政府の主体的な工業育成策の結果もたらされたこの特殊なウッジ企業家の民族構成を、歪みととらえてその企業家の意義を無視してしまうことはやはり許されないことであろう。

　次にウッジの繊維企業家の汚い企業活動（③）と社会に対する無関心（④）であるが、この点については、シュンペーターの創造的破壊を遂行する革新的企業家とは若干異なった後進国における企業家の役割を、中川の言うように多元的な規定要因の相互作用の中で考えてみなければなるまい。中川は、企業家も一定の歴史的・社会的要因によって生み出された具体的な生身の人間なのであって、歴史や社会を異にすれば企業家の性格も異なり、その具体的な企業目的や経営諸機能もまた異なることを主張した。当時のウッジの企業家を取りまく最も重要な客観的・社会的要因としての経済過程とは何であったのだろうか。それはおそらく（ここでは実証を省くが）決定的な資本蓄積の不足であったと考えられる。劣悪なインフラを整備するためにも多額の資本が必要であった。出自の条件に恵まれたシャイブラーを例外として、コピシュやガイエルを筆頭に彼らのほとんどが法を侵し密輸や不正に精を出していたのは、ならず者の彼らが底知れぬ強欲を発揮したわけではなくて、みずからポーランド経済社会の状況から生ずる資本蓄積基盤の弱さに悩んだ彼らが、あらゆる手段を用いてその蓄積をひたすら急いだことを示すと考えるべきではないだろうか。社会的・文化的活動に初期の繊維企業家が無関心であったのも、まだそれだけの余裕をもてなかったからに過ぎない。ハレルは教養人であり、ランゲは実践的な知識や経験に富んでいたし、シャイブラーはその両方をもちあわせていたのではなかったか。後述のごとく次世代の企業家はメセナや慈善に熱心であった。

　また、資本蓄積の決定的な不足は、ようやく形成され始めた当時のウッジ繊維工業地帯で彼らがどれだけ貪欲な企業活動を展開しても、それだけで充足することは到底不可能であったから、おのずから政府当局による企業家たちへの財政的援助が不可欠であり、それが大きな意味をもつことに

なった。[38]外来の企業家については、彼らに移住を働きかけた王国政府や県当局によってその人物評が残されている。それによれば、初期のウッジの企業家たちはすべて、真に精力的で、一途で、根気があり、例がないほど勤勉な人々という評価を受けていた。誠実ではないといわれたガイエルでさえも、きびきびして働き者という評価がなされている。[39]ここで評価された勤勉、熟練、活発さは、政府当局者から信用提供や補助金の便宜が計られる時にものを言ったが、それだけが決め手になることはまずなかった。援助は多くの場合無償でなされたのではなく、何らかの獲物の分配の約束、簡単にいえば賄賂によって行われたのである。[40]すべての企業家に積極的に働きかけたレンビェリンスキが、とりわけ眼をかけていたヴェンディシュに私財をなげうって援助したことは知られているが、それだけの私財をどうやって蓄積したのであろうか。国の役人たちは企業家から埋め合わせを得ていたのである。[41]さまざまな役人から好意を獲得するのも企業家の魅力次第であった。最もそれに長けていて多くの補助金を獲得したのは、ハレルとコピシュであった。より長い年月にわたって、王国政府やポーランド銀行から多額の援助を受け取っていたのはガイエルであったが、彼だけは当局から好意をもたれることのなかったまったくの例外的人物であった。[42]政府当局に取り入ってより多くの財政的援助を引き出すことも、資本蓄積の不十分な後進国においては重要な企業家性能といえるのではではないだろうか。

　さらに、当時は法の不備がビジネス・チャンスに結びついたのである。このようなタイプの企業家が活躍したのは、法律が不明瞭であったり、抜け道があったり、さまざまな経済的不正に対抗できない、総じて生まれつつある経済活動の全領域を覆い尽くすにはまだ至っていない時期であった。[43]そのことは19世紀後半から第2次世界大戦までポーランドの企業家に詐欺師的なメンタリティがなかったということを意味するわけではないが、後の時期になると、企業家たちは金融機関や政府当局からの信用や社会的な信用をも重視する必要があることを学んでいたのである。ウッジの企業家の2代目や3代目ではそれが普通になっていた。彼らは、その事業の創始者たちが主に法律を破ったり、道徳的な規範に背いて蓄積した最初

の財産を、次に法に従った方法によって増やしていったのである。彼らはかつて違法なことが行われたことなど考えもせず、みずからとその企業活動を肯定的にとらえられるだけの十分な利益をあげていた。かくて、企業の間接的な宣伝費に算入しつつ、病院を建て、慈善団体や文化団体を援助し、芸術家を後援し、工場に学校を造り、教会の建設に資金を出したのであった。[44] 初期の繊維企業家は、本質として不正な企業活動を行う人々であったというのではなく、資本不足の経済社会の中で、法を犯し、非道徳的な企業活動をせざるをえなかったのである。一切不正を行わなかったというヴェンディシュの企業が、その死後あっけなく潰れてしまったのはどこか象徴的である。

　最後に①の企業家とポーランドの民族的課題とのかかわりの問題が残る。前述のごとく、近隣三国による分割支配のために国家の独立を奪われていた19世紀のポーランドにとっては、民族国家の復活は何ものにもまさる民族的悲願であった。そして上に見たウッジの企業家の中に、ポーランド人の独立をめざす活動に非協力的であったり、それを妨げる行為があったのは事実である。このことをわれわれは、ポーランドの企業家としてどう評価すべきなのであろうか。

　われわれはまず、当時の企業家の民族意識というものがどのようであったのかということから検討せねばなるまい。先のシミャウォフスキも、この時代の企業家像の重要な特徴をなすのは、彼らの他の宗教そして他の社会的階層や民族の人々との関係であると認めている。そのうえで、次のような歴史的事実を指摘する。すなわち、実は史実の中に明らかに民族的な対立や反目を示すものはあまりないのであって、たとえば1830年代にガイエルや他のドイツ人企業家たちが、カリシの紡績糸商人で銀行家のマムロス Ludwik Mamroth がウッジ市ピョトゥルコフスカ通りへ移住することに反対したのは、表面的な理由のユダヤ人のマムロスがユダヤ人地区以外に住むことに反発したのではなくて、手ごわい競争相手がそこで仕事を始めることへの抵抗だったのであり、ほかにも同様の事例を見いだすことができる。[45] そして当時の記録に、取引関係において民族や宗教が妨げになったという記述はまったくない。ポーランド人もドイツ人もユダヤ人

も、日常の業務を共同で行うことは当たり前のことであった。

　しかし、契約や取引の仕事が終わった後では、キリスト教徒がユダヤ人と食事を共にしてつき合うということはなかった。ユダヤ人にとってその習慣や伝統や言語や宗教を放棄するということは、民族のアイデンティティを失うことであり、民族の生存をあきらめることでもあって、それはけっして容易なことではなかったのである。おそらくワルシャワではすでに行われていたであろうそうした垣根を取り外した交流が、ウッジで行われるようになるのは19世紀も後半のことであった[46]。人を雇う場合にも、出身地域や宗教によってその決定が左右されることはまずなかったと思われる。雇用や昇進の基準は熟練度だったのであり、ザクセンの企業家の故郷出身者が雇われたとしても、それは彼が同郷人であるからではなくて、それだけの技術をもつ者がポーランド王国にはいなかったからだったのである[47]。つまり企業活動を行ううえで、民族意識が企業家としての合理的判断に優先されたことはまずなかったと考えるべきであろう。

　次に、しばしばウッジの企業家を代表的なポーランドの企業家とみなすことへの抵抗感の原因となった、ポーランド民族独立の動きに対する外来の企業家のスタンスの問題について検討してみよう。先のシミャウォフスキは、企業家の愛国心をめぐってはこれまで誤解があったという。「企業家の愛国心を評価しようとして、従来彼らのポーランド問題や民族蜂起や民族教育をめぐる闘争とのかかわりばかりが強調されてきた。しかし、移住してきたドイツ人やチェコ人やユダヤ人の第1世代あるいは第2世代の企業家に対して、ポーランド人と関心事をまったく同じにしなければならないなどと要求できるものであろうか。自分の祖国、言語、文化的伝統、先祖の習慣に対する愛着や、自分の民族に対する献身と、他の民族（ポーランド人もその1つ）に対する敬意、これを彼ら企業家の特徴として積極的に評価しなくてもいいのであろうか」と[48]。

　さらに、その時代のポーランドの政治的状況が企業家の愛国心の問題を一層複雑にしていた点も指摘する必要がある。すなわち、彼ら外来の企業家が1815年以降のポーランドにやってきた時、そこはロシアによってつくられた王国であって、臣民となった彼らにとっての国王はロシア皇帝で

あった。多くの企業家は皇帝から賞揚と褒賞を受けている。皇帝への忠誠心が生まれても不思議ではない。[49] 一連の反ロシア蜂起が起こった時、実はポーランド人自身さまざまな反応を示している。ましてや移住してきた企業家にとって、蜂起軍に加わってポーランド人と連帯するか、それとも彼らにとっての国家に忠誠を誓うかの決心は困難なものだったのである。ズギェシのザッヘルト Zachert やカリシのレファン Rephan は、初めは蜂起側の地方政府に参加して蜂起勢力に物的な援助をしていたが、やがて次第に批判的となり、最終的に反抗したレファンは蜂起軍によって絞首刑に処せられている。一方前述のごとくコピシュは最初からロシア軍のスパイ役をしていた。[50]

興味深いのは、移住してきた企業家たちが、当初はドイツを母国と感じドイツ人としてのアイデンティティをもっていたものが、数世代のうちに、ドイツへの愛国心をまったく失い、さりとてただちにポーランド人になるわけでもなく、第3章で見たように、むしろそこに住み、富と地位を築き、愛着を覚えるウッジへの帰属意識を強くもつ「ウッジ人」Lodzermensch, ludzie łódzcy としての自覚をもつに至っていることである。それは何ら政治的な意味をもつわけではなかったが、彼らの中には素早く同化するものもあり、「ウッジ人」の子どもたちは時にみずからをポーランド人と称していた。[51] ここにはむしろポーランドの民族独立を支持するか否かという問題を越えて、ウッジの企業家としてのアイデンティティの確立を見いだしうるのではなかろうか。少なくとも、われわれは、民族独立を最大の課題とする19世紀ポーランドの愛国的な文化構造が、独立をめざす蜂起勢力やロシアの支配権力への対応という部分で企業家たちに何らかの立場表明を要求し、複雑な経緯を経ながらも結局はウッジに定着しそこで企業活動を行っていく中で一種独特の精神的なアイデンティティを作り上げていったことを知るのである。

19世紀前半のポーランド王国において、たとえ王国政府の後ろ盾と援助があったからといって、政府の招請によって移住してきた企業家たちが企業を創設しそれを維持していくことがいかに困難であったかは、蜂起と経済危機の1840年代が過ぎて50、60年代になると初期の企業家のほとんどは

その姿を消して、新参入の企業家に取って替わられていたという事実が如実に示している。初期から生き残った企業家をあげれば、それぞれ小規模な生産者や商人や技師に過ぎなかったガイエル、ザッヘルト、シュレッサー、レファン、ヴェルネル Werner、ビーデルマン Biedermann、ポズナンスキ Poznanski、グローマン Grohman、それにシャイプラーぐらいであった。[52]

「理想化された企業家」と「汚い企業家」という初期のウッジ繊維企業家の相反する2つのイメージは、もしも条件が整いそのように振る舞うことを許されたならば彼らが企業家としてそういう行動をとろうとしたであろうイメージと、現実の厳しい経済・経営環境のもとで、彼らが実際にそのように行動せざるをえなかった企業家のイメージを示しているのではないだろうか。理想化されたイメージの方は、たとえば恵まれていたシャイプラーの場合や、後年経営環境が整っていくにつれて激しい競争による逸脱を含みながらも基本的には正常な経営活動を行った次世代の企業家の間で現実化していったのである。いずれにせよ彼らは、シュンペーターのいう意味での「新結合」を行うことは少なかったかもしれないが、ポーランドという新しい土地で、既存の経験やルーティンワークのみで企業活動を行ったわけではなく、国難で複雑な環境にある経済の分野でリーダーシップを発揮し、ポーランドに新しい工業化社会を拓いたのであった。最後に、後進国における、特にその工業化初期における企業家像を、柔軟にかつ多様性を含んでとらえるべきだということを、改めて強調しておきたい。

〈注〉

1　R. Kołodziejczyk, Image przedsiębiorcy gospodarczego w Polsce. Próba nakreślenia problematyki badawczej oraz miejsce tematu w naszej historiografii, w R. Kołodziejczyk red., *Image przedsiębiorcy gospodarczego w Polsce w XIX i XX wieku*, Warszawa, 1993, s. 2-3.
2　J. A. シュンペーター、清成忠男編訳『企業家とは何か』東洋経済新報社、1998年、25-26頁。
3　J. A. シュンペーター、前掲書、27、29、33頁。

4 J. A. シュンペーター、前掲書、29、33 頁。
5 J. A. シュンペーター、前掲書、30 頁。
6 J. A. シュンペーター、前掲書、30-31 頁。
7 J. A. シュンペーター、前掲書、31 頁。
8 J. A. シュンペーター、前掲書、31-33 頁。
9 中川敬一郎『比較経営史序説』東京大学出版会、1981 年、3-4、11 頁。
10 中川敬一郎、前掲書、9-11 頁。
11 中川敬一郎、前掲書、12-13 頁。
12 中川敬一郎、前掲書、19 頁。
13 J. Śmiałowski, Postulatywny model przedsiębiorcy przemysłowego i jego rzeczywiste wcielenia. Próba konfrontacji wizji z rzeczywistoscia, w R. Kołodziejczyk red., *Image przedsiębiorcy gospodarczego w Polsce w XIX i XX wieku*, Warszawa, 1993, s. 9.
14 J. Śmiałowski, op. cit., s. 9.
15 J. Śmiałowski, op. cit., s. 10.
16 J. Śmiałowski, op. cit., s. 20-21.
17 J. Śmiałowski, op. cit., s. 20.
18 J. Śmiałowski, op. cit., s. 11.
19 資産価値を把握する立場にあって本来慎重な公証人ですら、彼に 4 万ズウォティを貸し付けたほどであった。J. Śmiałowski, op. cit., s. 12-13.
20 J. Śmiałowski, op. cit., s. 13.
21 J. Śmiałowski, op. cit., s. 12.
22 J. Śmiałowski, op. cit., s. 13.
23 J. Śmiałowski, op. cit., s. 14-16.
24 藤井和夫『ポーランド近代経済史——ポーランド王国における繊維工業の発展 (1815-1914 年)』日本評論社、1989 年、150-151 頁。
25 J. Śmiałowski, op. cit., s. 13-14.
26 藤井和夫、前掲書、151 頁。
27 J. Śmiałowski, op. cit., s. 14.
28 藤井和夫、前掲書、146-150、153-160 頁。
29 J. Śmiałowski, op. cit., s. 16.
30 J. Śmiałowski, op. cit., s. 20.
31 J. Śmiałowski, op. cit., s. 16-17.
32 J. Śmiałowski, op. cit., s. 17-18.
33 J. Śmiałowski, op. cit., s. 14.
34 藤井和夫、前掲書、156-157 頁。
35 藤井和夫、前掲書、11-15 頁。
36 たとえば後の 1866 年にウッジの 51 人以上を雇用している繊維企業家 11 人のうち、ドイツ人 5 人、ユダヤ人とチェコ人が 2 人に対して、ポーランド人はわずかに 1 人であり、101 人以上雇用する企業家は 1 人のドイツ人のみであった。また

1870年代の101人以上を雇用している繊維企業家21人のうち（不明4人を除く）、ドイツ人13人、ユダヤ人7人に対して、ポーランド人企業家は皆無、さらに1890年代の101人以上を雇用している繊維企業家59人のうち（不明22人を除く）、ドイツ人32人、ユダヤ人19人に対して、ポーランド人企業家はわずか2人であった（藤井和夫、前掲書、141-142頁）。また前貸を行ういわゆる「工場をもたない工業家」を含むほかの資料では、1865年のウッジの繊維業者385人のうち、ドイツ人が242人、ユダヤ人が84人、その他59人となっている（S. Pytlas, *Łódzka burżuazja przemysłowa w latach 1864-1914*, Łódź, 1994, s. 43）。

37 藤井和夫、前掲書、168-170頁。
38 藤井和夫、前掲書、26-30頁。
39 J. Śmiałowski, op. cit., s. 10-11.
40 J. Śmiałowski, op. cit., s. 11.
41 J. Śmiałowski, op. cit., s. 11-12.
42 J. Śmiałowski, op. cit., s. 24. Śmiałowski, op. cit., s. 12.
43 J. Śmiałowski, op. cit., s. 10.
44 J. Śmiałowski, op. cit., s. 10.
45 J. Śmiałowski, op. cit., s. 23.
46 J. Śmiałowski, op. cit., s. 23.
47 J. Śmiałowski, op. cit., s. 23.
48 J. Śmiałowski, op. cit., s. 24.
49 J. Śmiałowski, op. cit., s. 24.
50 J. Śmiałowski, op. cit., s. 24.
51 J. Śmiałowski, op. cit., s. 24.
52 J. Śmiałowski, op. cit., s. 18.

第5章

ウッジ繊維工業の発展における政府と企業家
L. Geyer の場合

はじめに

　19世紀の後半、今日のポーランドの中央部にあたるポーランド王国で、急激な繊維工業の発展が見られた。それは、当時政治的な独立を失っていたはずのポーランドにはおよそ似つかわしくないほど目覚ましいものであったが、その発展の基礎にはポーランド王国政府による政策的な努力が存在していた。本章では、ポーランド王国工業化の基本的要因とみなされるべき初期の王国政府による工業育成政策が、どのような形で繊維企業の成立をもたらしたのか、特に企業家の活動と政府からの援助はどのように結びついていたのかを、ポーランド王国における繊維工業成立期の最も代表的な企業家というべきルドゥヴィク・ガイエル Ludwik Geyer の企業の成立を例に検討する。ガイエルはマニュファクチュア的な経営をも併せ行う手工業者としてポーランド王国に移住してきた後、本格的なマニュファクチュアを経て大工場経営者に成長してゆくのであるが、他の繊維企業家たちと同様に、その企業の成長は、王国政府の工業育成政策を土台とすることによって可能となったものであった。
　第4章で述べたように、ガイエルは巧みに行動した企業家といわれ、その目的を達するためには、詐欺、密輸、横領等あらゆることをやってのけたために、政府当局から好意をもたれることのない人物であった。その彼が、なぜ長い年月にわたって王国政府やポーランド銀行から多額の援助を

受けることが可能であったのだろうか。当時のポーランドが置かれていた経済状況を背景に、政策当局者の意図と企業家の能力とがどのような結びつきをもたらしたのかを見ていこう。

　企業家に対する政府の政策的関与は、ポーランド王国への移住の勧誘ならびにそのための条件整備と、その後の資金的バックアップの2つに大別することができる。まず特に前者の政府による移住の勧誘と援助が、移住直後のガイエルの経営活動の中でどのような意味をもったのかを、企業家としてのガイエルの評価とからめながら検討しよう。

1　工業育成政策とガイエル

　1815年のウィーン会議で、ロシア帝国の支配下に成立を認められたポーランド王国では、その成立の当初から活発な工業化への試みが開始された。1830年にロシアに対する蜂起が発生するまでのポーランド王国には、外交を除いて大幅な自治権が認められていたから、その工業化に向けた政策的な努力は、内容において独立国の工業化政策となんら変わるものではなかった。ただ当時のポーランドの経済的な後進性が、その工業育成政策に、西欧先進諸国とは異なった、後進国に特有の色合いを添えることになった。いずれにせよ、19世紀の後半に花開く繊維工業の発展は、この初期ポーランド王国政府による工業育成政策を最も重要な柱としてはじめて実現したものなのであった。

　初期ポーランド王国政府の工業育成政策の内容についてはすでに明らかにしたところであるが、それは後進的な経済環境のもとで、資本・労働・市場といった工業化にとって不可欠な諸条件を一般的に準備するものであった。そしてその政策の推進者は、経済問題に対する先進的な知見と政策の実行に関する強力なリーダーシップを併せ持つ当時の大蔵大臣ルベツキである。ただし彼の関心は、たとえば繊維工業の育成というような特定産業に関するものではなく、ポーランド王国の工業化にかかわる幅広い分野に向けられていたから、その経済政策の性格は多方向への広がりをもつ一方

で、個々の経済分野からみると、全体として必ずしも完全に体系だったものとはいえなかった。ポーランド王国経済の後進性が、政策体系のスマートさを不可能にしていたのである。彼の役割はむしろ工業育成政策全体の方向づけと、各分野での個々の政策の統括的なバックアップにあったというべきであろう。

　繊維工業についていえば、ウッジ市を中心とするその成立と発展の歴史の中で、同市の属するマゾフシェ県の知事レンビェリンスキの果たした役割がきわめて重要なものとなる。特に当時、(手)工業の移植事業は王国政府ではなく県当局の管轄であり、しかもそれが権限ではあっても義務ではないという法律上の制度になっていたから、工業化のきっかけとしての手工業者の移住や工場の移植にどう取り組むかは事実上各県の首長次第ということになり、具体的な工業育成政策の実行者としての県知事の重要性はきわめて大きなものであった。レンビェリンスキはルベツキと同様に、ポーランド王国工業化の必要性についての明確な認識と優れた政策立案能力をもち、ウッジ繊維工業地帯の産みの親となったのであった。

　成立時のポーランド王国はさまざまな理由から手工業の展開が遅れた状態にあり、繊維業においても職人の不足が強く意識されていた。たとえば、1821年にすでに文書のうえでは工業都市と呼ばれていたウッジで、展示会のために優れた職人の作品を募集しても、それに応えうるだけの手工業者は当市に1人もいないという状態であり、まさに1823年に工業委員のドゥニン Feliks Dunin が、シュラフタ（貴族）ばかりでなく自由な農民たちも相変わらず土地にしがみつき、一方都市の若者は怠惰な役人生活にばかりあこがれると、人々の産業活動への関心の低さを歎いたとおりであった。[2]

　そこで工業化を担う新しい人々として、あるいは国内におけるそうした階層の誕生の呼び水として、外国人手工業者（一部に旧ポーランド領からの帰参者を含む）の導入が目論まれ、レンビェリンスキのイニシアティブによって、ウッジ市への外国人手工業者・工業家の移住のための懸命な努力が開始されたのである。

　最初は1821年のフレデリク・ヴィルヘルム・ダウン Fryderyk Wilhelm

Daun の例が示すように、ウッジ市長の熱心な働きかけにもかかわらず、ウッジ市側の受け入れ態勢の準備不足のため手工業者の定着に失敗するものの、数年後からは1、2台の織り機を所有する小規模な手工業者が続々と来住し始めた。しかし彼らは、ポーランド王国や県当局の期待にもかかわらず、その経営を安定させることがなかなか困難で、与えられた特典によってようやく食いつなぐばかりで繊維企業としてうまく成長しなかった。弱体な手工業を抱えるポーランド王国にとっては、職人や親方の移住も歓迎すべきものであったが、一方で工業化を担う大企業家（むろん当時の水準での）もまた強く要望されていたのである。その頃やってきた比較的有力な手工業者たちは、たとえばカロル・ゴットフリード・マイ Karol Gottfried May のようにウッジ市に招かれながらワルシャワに去ってしまったり、アントニ・ヴィルヘルム・ポテンパ Antoni Wilhelm Potempa のように契約事項を守らないばかりか与えられた特典を悪用したり、あるいはクリスチャン・フリデリク・ヴェンディシュのように有能で誠実ではあっても、きわめて貧困で資金的な能力に欠けるというように、かならずしも工業化の担い手を求める当局の期待にこたえるものではなかったのである。

　そこでレンビェリンスキは真の大企業家を求めて、1826 年に県の工業委員のベネディクト・ティケル Benedykt Tykel を国外に派遣した。その旅はウィーンからドイツ諸地方に及ぶ長いものであったが、有力な企業家でポーランド王国へ移住を希望するものは少なく、おまけにドイツ側当局の妨害もあって彼の任務は困難かつ危険なものであった。その旅の途中で、ティケルはこのガイエルと出会うことになったのである。

2　ガイエルのウッジへの移住

　ルドゥヴィク・ガイエルの生い立ちや経歴については不詳な点が多い。ザクセンのノイゲルスドルフでおそらく綿織物生産ないしは仕上げ業を営むアダム・ガイエル Adam Geyer とその妻シャルロットとの間に、1805 年1月7日ベルリンで生まれている。その後ベルリンのアカデミーを出たこ

と以外は学歴もまったく知られていないが、後の経歴が示しているように少なくとも職業的な専門知識はかなり豊富であり、経営的な組織能力にも秀でていた。ウッジ市に来住した際多数の書物を持ち込んでいることや、その時持参した道具類からすると、綿織物の捺染に関して相当技術的な訓練と経験をつんでいたものと思われる。ガイエルは後に、ポーランドではまだよく知られていないその専門的な知識を悪用して、外国繊維製品の輸入で関税をごまかそうと試みたりもしている。いずれにせよ後進的なポーランド王国にあっては、その専門知識はぬきんでたものであった。

　ガイエルとティケルがノイゲルスドルフで出会ったのは1826年のことであり、そこで若いルドゥヴィク（当時23歳）はすぐにウッジ移住を希望するのであるが、実際にガイエル一家がやってきたのは1828年1月のことであった。その間彼を際だった有力企業家と見込んだ県当局の再三の要求や、ガイエル自身の熱心な懇請にもかかわらず、王国政府はその移住についてきわめて慎重な態度をとりつづけた。それはそれまでの手工業者の移住が王国政府にとっては必ずしも満足すべき成果を上げていないためであり、例外的な関税軽減による繊維製品の持ち込みを要求するガイエルに対して、政府が移住後の保証を求めて、その交渉が長引いていたのであった。結局彼の移住は認められ、1828年1月にティケルと仮契約を、同年9月にマゾフシェ県と正式の契約をワルシャワで結んでいる。

　左半分にドイツ語で、右半分にポーランド語で条文を記された10条からなるその契約書によると、ガイエルは最低20台の織機による営業が義務づけられ、しかも10年以内にその数を100台に増やすことを要求されている（第1条）。その代償として彼には通例の移住者に与えられる条件のほかに、すでに所有している25ツェトナル（1ツェトナル＝40.55kg）の綿あるいは綿毛製品（完成品）の通常の関税の4割の税率による持ち込みを許可されている（第3条）。これは当時の条件からすると破格の扱いであったが、彼に与えられた100台の織機の操業という条件が、1828年当時に存在した綿・麻用のすべての織機の3分の1にも相当するという厳しいものであったことを考えれば、その見返りとして納得ゆくであろう。ここにも当局の大企業家としての彼に寄せる期待がうかがわれるのである。

上記の特別関税による所有綿製品の持ち込みは、ガイエルが移住前から繰り返し要求していた条件であり、織機20台の操業開始後にその実行が認められていたが、実際には彼はこの特権を利用していない[14]。実は彼は母国に自己所有の完成綿製品など持ってはいなかったのである。低率の関税による綿製品の持ち込みは、それをポーランド王国内で売り捌くことにより大きな利益をもたらすものであったから、ガイエルは虚偽の財産申告によってここで一儲けを企んだわけである。

さらにいえば、虚偽の申告を必要としたことからもうかがい知ることができるように、実は彼はティケルに見せかけたほど裕福な大企業家ではなかった。ポーランド王国に移住した際にカリシの税関に記録された彼の持ち込み財産は、12ツェトナルの綿糸と捺染台・捺染型・染料程度であり[15]、それは他の手工業者とそれほど大きく異なる資産ではなかったのである。

結局大企業家を求めていたポーランド王国政府は、その限りではガイエルにすっかり騙されたことになる。彼がみずからを大企業家と偽った理由は、おそらく好条件でのポーランド王国移住を彼が熱望したからであろう。ではなぜ嘘をついてまでガイエルは王国への移住を望んだのであろうか。また騙された王国は果たしてどのような利害を彼から与えられることになったのであろうか。それらの点をガイエルの経営活動の内容に即して次に検討してみよう。

3　ガイエルの経営とその発展

ガイエルは契約にしたがってウッジ市内に14モルゲンあまりの区画（第284番）を提供され、そこに木造の家屋や馬車小屋・物置小屋などを建築した。その土地は三方をピョトゥルコフスカ通り、ザジェフスカ通り、グルヌィ・リンクに囲まれ、一方は池になっていた[16]。彼はこれらの建物の建築にあたって、一刻も時を待てないかのように、移住者に契約で保証されている無償での建築用材の提供や政府貸付金貸与の許可、あるいは県当局による建築承認を待たずに、自力で勝手に実行している[17]。

一方でガイエルは、落ち着くとただちにその経営活動を開始した。彼はまず持ち込んだ綿糸をウッジ市内の織工たちに前貸形態で貸し与え、生産された織物を回収してみずからが捺染し、それを売り捌いた。そのような形態で雇用する織工の数は 20 で、みずからの経営勘定で 20 台の織機を操業するという契約の条項は、移住初年においてすでに達成されたことになる[18]。ガイエルは綿糸を前貸するだけでなく、織機そのものを織工に貸し与えている。1829 年の記録ではその数は 18 台であった[19]。また自分の作業場には染色工をひとり雇用していた[20]。

　当初の捺染のための材料綿糸は自身が持ち込んだものが使用されたが、綿織物の染色を継続するためにはその材料綿糸の獲得が重要な問題であった。当時のポーランド王国では、移住してきた織工のおかげで織物業に関しては手工業的とはいえその生産体制が次第に確立してきたものの、紡績業に関してはほとんど見るべき進展がなかった。したがって綿糸はもっぱら輸入に頼らねばならず、高関税のもとでのその確保のコスト問題は、織物あるいは仕上げに携わる繊維業者にとって最も頭を悩まされた事柄だったのである。

　特別な関税による綿製品の持ち込みの問題については先に触れたとおりであったが、綿糸については低関税率でのその輸入が、移住契約の第 7 条において、そのまま販売せずに自分の工場（作業場）で原材料として用いるという条件つきで許可されていた。綿糸の輸入を申請すると、税関を経て市の倉庫にまずそれが納入され、関税を支払った後にそれが申請者にひき渡された。しかもそれをみずから材料として使用せずに売り払うことは禁止されていたから、輸入された綿糸の使用についてさらに市当局の監督を受けなければならなかった[21]。

　ガイエルもそのような方法で、軽減された 1,146 ズウォティの関税を支払った後、1828 年 3 月 16 日から同年 9 月 3 日までの間に計 14 ツェトネルの綿糸を輸入している。さらにそれとは別に、材料綿糸を長期的に確保するために 2 月 22 日に 300 ツェトネルの綿糸輸入を申請し、認められている。それは 1828 年 4 月 10 日から 1829 年 8 月 30 日にかけて彼の手にわたった。ところが厳しい禁止令にもかかわらず、彼はその年の内にそれらの一

部を直接売却し、それが露見して当局から強く注意を受けた後も、しばしば同じ行為を繰り返している。そのために彼は告発され、管財人をつけられたうえに1833年には裁判にも敗れてその財産の一部（3,014ズウォティ123グロシ）を差し押さえられた。[22] そしてなによりも、そのような行為によって彼はポーランド王国政府の信頼を失うことになり、政府あるいはポーランド銀行の貸し付けによる資金援助の問題で大きな不利をしばらくの間受けなければならなかったのである。

しかし初期のガイエルは、このように綿布（ペルカール）の捺染と前貸形態での綿織物生産を単純に増加することによって資金の不足をなんとか補い、次第にその経営を拡大し、資本を蓄えていった。特に1830年に勃発したロシアに対する蜂起を契機として、彼の繊維企業経営者としての地位は揺るぎないものになったのである。もともとザクセンでも綿布の染色業に携わっていた（と思われる）ガイエルは、この戦乱の中で多くの手工業者たちが没落し人々が貧困の度を増してゆく中で、幸いにも戦災を小規模に食い止め、彼の先見の明、すなわち綿織物は毛織物や麻織物よりも大衆性をもっており、このような社会にはより適しているとの見通しのもとに、その生産を精力的に拡大していった。1833年の財産目録によれば、ガイエルの作業場はすでに14万3317ズウォティの評価を受けていたし、彼が所有する織機は、ウッジ市内に60台、近郊のパビャニツェ市に100台となっている。[23] ガイエルはそれ以外にも事業の拡大をめざして関税の請負や政府所有地の購入を働きかけているが、それらは成功しなかった。[24] また自分の作業場を拡張するために強引なやり方を押し通して、再び当局の反発を受けている。[25]

彼は今や綿糸提供者として、また織り上げた綿布の引き取り手として独占的となったその地位を利用して、織工たちの手間賃をきわめて低く押さえ、高い利益を獲得したのである。それに対しては、あまりにその手間賃が低過ぎるとして（捺染後の綿布1エルの販売価格1ズウォティに対し織工の手間賃は1エルについて15グロシ。当時1ズウォティ＝30グロシ）、織工たちからしばしば苦情が寄せられたが、政府や県当局は綿工業におけるガイエルの必要性を考慮してあえて彼を咎めず、むしろ両者の調停者の

立場に立った[26]。ただし1835年にガイエルが申請した1,000ツェトネルの綿糸輸入については、王国内の織工の雇用条件を考慮してそれを認めなかった[27]。

そこでガイエルは、輸入綿糸に依存せず、かつ織工からの反発にも左右されない安定した経営をめざして、みずから綿紡績工場の建設を決心するのである。それによって彼は、単なる手工業者から本格的なマニュファクチュアの経営者に脱皮する糸口を見いだすのであるが、そのためには政府からの資金援助がもはや不可欠な前提条件となった。ガイエルは1837年にベルギーのセラィングのジョン・コカリルの工場から50馬力のウッジで最初の蒸気機関を購入し、機械化された綿紡績工場と織物工場を開設している（操業開始は1840年）。先にも述べたように、彼は1828年と1829年に繊維製品の密輸（禁止された輸入綿糸の直接販売）に関与した罰で罰金刑を受けており、政府からの財政的援助を差し止められていたが、この綿紡績工場開設の1837年以降財政援助が再開され、1838年には紡績機と自動織機購入のためにポーランド銀行から40万ズウォティの長期貸付が提供され、やがてそれは60万ズウォティに増額され、さらに政府内務委員会から20万ズウォティの長期貸付も追加された[28]。

4　政府と企業家

すでに明らかにしたように、19世紀の前半にドイツ方面からポーランド王国へ大量の手工業者が流れ込んできた背景には、母国におけるイギリスの安価な工場製製品との競争や、ドイツ・ロシア間の高い輸出関税によって彼らの生活が圧迫されていたことが挙げられるが、ガイエルの場合にも、移住時の財産目録がその移住の基本的な動機を如実に示している。ただ彼が、綿製品についての知識をもちあわせていたことがきわめて大きな意味をもっていた。

ガイエルは県当局が期待したほどの大企業家ではなかったが、当時のポーランドに必要だが欠けていた綿織物という新しい時代の素材を対象と

した捺染という仕上げ工程に関する経験と知識をもちあわせていた。さらに彼がウッジへの移住に最初から積極的であったことからわかるように、ポーランドにおけるその産業の将来性への確信をもち、そこにみずからの知識と経験を投じようとの強い意志をもっていた。レンビェリンスキの県当局は、たしかに出会った当初のガイエルを大企業家と見誤ったのかもしれないが、結局彼はポーランド王国への移住の経過とその後の経営拡大の過程が示しているように、きわめて積極的で旺盛な企業家精神の持ち主であった。ウッジがその後「ポーランドのマンチェスター」と呼ばれて綿工業を中心に目覚ましく発展していくことを考えると、ガイエルはまさに、ポーランド王国の工業化過程に不可欠な要素をもちあわせていたことになるのである。

　その政府や県当局をも恐れぬ行動は、彼のしたたかで強引な性格を反映しているといえるであろう。しばしば法律に違反し、規則を無視して強引な要求を突きつけるガイエルに対して、県当局は反発し、断固として制裁を加えて彼の思い通りにはさせまいと行動した。当局は個人的にもガイエルに反感を抱いていたようである。にもかかわらず、彼が綿紡績工業に乗り出すと、財政面からその支援を惜しまなかった。ウッジに綿工業を根付かせ発展させるという県当局の意図は、ガイエルという企業家を得て、着実に実現されていくのである。

　ガイエルの企業家としての活動を考えてみても、当初の努力の大半は、ほかの企業家と同様にいかにして王国政府から有利な条件で援助を引き出せるかに向けられていたし、最初の生産活動は母国においてすでに既知の方法をウッジで実行するものであった。しかしその後、生産技術や販売方法あるいは組織の革新の問題を、彼はたぐいまれな積極性を発揮することによってみごとに成し遂げた。つまりガイエルは、ポーランド王国工業の後進性に依拠しながら、一種のパイオニアとしての独占的な利潤を獲得したのであるが、その成功は彼の個人的な資質のみがもたらしたものではなかった。むしろ基本的なところで彼の企業を取り巻く外部的な環境の意義が大きいものであったというべきであり、それをみずからの経営に取り込むだけの適応能力を彼がもっていたことがその成功の要因だったのである。

一般的にいって、企業家はある与えられた環境の中でその実力を発揮するが、その環境（すなわち客観的な外部的条件）そのものを創り出す力にははっきりと限度がある。特に後進国の場合には、そのような力をもってはいないといった方が正確かもしれない。そこで大切なのは、環境にふさわしい資質と、環境の変化に対する適応能力であろう。ガイエルの場合は、初期ポーランド王国政府の工業育成政策が創り出した当時のポーランド経済社会の中で新しい工業が生まれる基本的条件と、彼のもつ知識・経験や積極的な性格がまさに適合的であった点にその企業家としての成功の秘密があったのである。このガイエルをめぐる経緯が、政治的独立を失いながらも一定の期間かろうじてポーランド王国として工業育成策を展開しえた19世紀のポーランドで、このウッジの地において政府と企業家がいかに結びついて工業化の成果を上げることができたのかを明確に示している。

〈注〉

1　たとえば藤井和夫、「ポーランド王国繊維工業の成立における政府の役割」『社会経済史学』48巻2号、1982年を参照。
2　A. Berkowicz, *Gayerowska Legenda*, Łódź, 1961, s. 13-14.
3　A. Berkowicz, op. cit., s. 15.
4　A. Berkowicz, op. cit., s. 17-18.
5　M. Komar, Powstanie i rozwój zakładów przemysłowych Ludowika Geyera, 1828-1847, "*Rocznik Łódzki*," t. III, 1933, s. 195.
6　M. Komar, op. cit., s. 196.
7　M. Komar, op. cit., s. 196.
8　M. Komar, op. cit., s. 197.
9　M. Komar, op. cit., s. 196.
10　A. Berkowicz, op. cit., s. 21-22.
11　M. Komar, op. cit., s. 190.
12　M. Komar, op. cit., s. 190-191.
13　M. Komar, op. cit., s. 191.
14　M. Komar, op. cit., s. 200, A. Berkowicz, op. cit., s. 24.
15　A. Berkowicz, op. cit., s. 23.
16　M. Komar, op. cit., s. 199.

17　M. Komar, op. cit., s. 199-200.
18　M. Komar, op. cit., s. 197-198, A. Berkowicz, op. cit., s. 27-28.
19　M. Komar, op. cit., s. 198-199.
20　M. Komar, op. cit., s. 199.
21　M. Komar, op. cit., s. 201.
22　M. Komar, op. cit., s. 202-203, A. Berkowicz, op. cit., s. 28-29.
23　M. Komar, op. cit., s. 208, A. Berkowicz, op. cit., s. 29-30.
24　A. Berkowicz, op. cit., s. 34.
25　A. Berkowicz, op. cit., s. 31.
26　M. Komar, op. cit., s. 210-215.
27　M. Komar, op. cit., s. 215.
28　藤井和夫『ポーランド近代経済史──ポーランド王国における繊維工業の発展（1815-1914年）』日本評論社、1989年、149-150頁。

第6章

繊維工業の発展とユダヤ人企業家

はじめに

　第5章ではガイエルのようなドイツ人が、ポーランド王国政府、より直接的にはレンビェリンスキ率いるウッジ県当局の政策を受け止める形でウッジ市にやってくる事情を検討した。ウッジで繊維工業が発展するにつれて急速な市の人口増加が生じたのは、そのような外部からウッジ市に大量の人々が流入したことによるものであった。その内容は第3章でみたとおり、19世紀前半においてはまずドイツ人、次いでユダヤ人のウッジへの移住が大きな割合を占めていた。ガイエルのようなドイツ人ばかりでなく、ウッジ以外に住んでいた多くのユダヤ人も、ウッジに新しく生まれたビジネス・チャンスを求めて続々とウッジに移り住み、その繊維工業の発展に貢献したのである。その中には有力な企業家として、ウッジの経済発展と近代化に大きな役割を果たした者もいる。

　すでに序章や第4章で論じたとおり、ポーランドでは、外国人企業家が経済の発展と社会の近代化の中で果たした役割について、特に社会主義時代に、無視ないしは過小評価される傾向があった。ドイツ人企業家についてそうであったが、実はユダヤ人企業家の場合にその傾向はさらに大きく深刻になる。たとえば、「ウッジ繊維工業の発展にユダヤ人の大きな貢献があったはずなのに、まだその研究は不十分であり、1862年から第1次世界大戦までの時期のウッジのユダヤ人についての専門研究がないために、

われわれはこの民族の真の姿とウッジの歴史へのその影響をまだ知らずにいる」との指摘が1998年の段階でも存在する。

　第2章で論じたように、ポーランドの歴史を振り返れば、この国は長期にわたってユダヤ人との共存と反目のかかわりを重ねてきたことがわかる。そしてそのかかわりは他のどの国よりも密度の濃いものであり、ポーランド人に複雑な対ユダヤ人感情を植えつけてきた。その余韻は、国内からほとんどユダヤ人がいなくなってしまった今日もなお色濃い陰影を残しているのである。ただ、現代のポーランドには状況の大きな変化も見ることができる。歴史研究の分野でも、ウッジのユダヤ人企業家たちの活動に光が当てられている。ユダヤ人企業家の社会事業に関する比較的最近の研究の中で、著者のBadziakとWalickiは、「かつてウッジのユダヤ人による社会事業・慈善事業の研究はほとんどないか、あっても付随的なものでしかなく、戦間期（戦前）は客観的な歴史分析には時期が近すぎるのと繊維工業の発展そのものの分析に関心があったし、社会主義時代には、このテーマは好まれず、当時のウッジ市に関する研究書でもこのテーマはまったく無視されていた。1989年以降に状況が変わり、PuśやPytlasをはじめとする研究者による最近の業績によってユダヤ人の事業全体が分析され知られるようになった」と総括している。本章ではまず、それらの新しい研究成果によりながら、ウッジの繊維工業の発展の中でユダヤ人がどのようにそこに関与し、貢献していったのかを検討してみよう。

1　ユダヤ人のウッジへの移住

　ウッジの人口増加とその民族構成については第3章ですでに見たところであるが、ではユダヤ人の人口の変化にはどんな特徴が見られるであろうか。改めてその点を明らかにしておきたい。

　まず、なぜ18世紀末のウッジにユダヤ人の数が少なかったのだろうか。その理由は第3章で触れた商業中心地から外れるという当時のウッジ周辺の経済状況のほかに、ポーランド社会がユダヤ人に対してもっていた

姿勢そして政治情勢にあった。第2章で触れたように、ポーランドには中世以来多くのユダヤ人が住んでいて、主に商業に従事しながら一般にイディッシュ語を日常語としてシュテートルと呼ばれる特別な地区で生活していた。ポーランド領内のユダヤ人は伝統的に宗教上の自由と自治が認められ、ポーランドの近代化に向けた改革の成果の1つである1791年の「五月三日憲法」でも各民族の宗教上の自由が保障され、領域内に住むユダヤ人は国民と認められて身分的保証が与えられることがうたわれていた。しかし、現実には従来からユダヤ人は農業に従事することや、土地・不動産をもつこと、そして公務につくことを禁じられており、ユダヤ人のみに課される税まであって、19世紀前半にユダヤ人に対して行われた部分的改革は、解放というよりもむしろ制限に力点が置かれていたといえる。

ユダヤ人の自治権は、シュテートルすなわちユダヤ人共同体 gmina żydowska の範囲内でのみ認められており、それを離れてユダヤ人が暮らしていくのは事実上不可能であった。18世紀後半のウッジはヴウォツワヴェクに住むクヤーヴィ地方の司教が所有する町で、市内にシュテートルは存在していなかった。司教領にもかかわらずウッジ市内のユダヤ人居住規制はなかったが、シュテートルがなく、毛織物生産が盛んになっていた周辺の都市と比べて特に産業のない当時のウッジは、ユダヤ人にとっては住みにくい土地だったのである[4]。

所有者の司教の記録によれば、18世紀の初めにウッジにユダヤ人が居住していたらしいが詳しいことはわかっていない。歴史的に確認できる最初のウッジのユダヤ人は、1775年に市の醸造人として妻と住み着いた Joachim Zelkowicz であり（ただし3年後に娘ができた後、市を去っている）、その後1781年に初めてのウッジ生まれのユダヤ人 Aszer Grosman の息子 Samuel が生まれ、1791年にウッジにはルトミェルスクの Izrael の息子 Cwi Ordynans を含む12人のユダヤ人住民がいた[5]。当時のウッジにはシュテートルはなかったから最初のユダヤ人たちは市の周辺のストゥリクフのシュテートルに属していたが、1782年にはルトミェルスクのシュテートル所属となり、当時毛織物生産の中心地としてウッジよりも人口の大きかったズギェシのシュテートルに属する者もいた。威信や財政上の理

由で新しいシュテートルはなかなか認められず、ウッジのシュテートルがいつできたかははっきりしないが、1806年6月1日には存在したことが記録からわかっている。[6]

　ユダヤ人のウッジへの移住は、ウッジの政治的な状況の変化によって本格化する。ポーランドは18世紀の末に三国分割の結果独立が失われると、第1次世界大戦までの長い従属の19世紀を迎えることになる。当然のことながらウッジもまたこの民族の苦難と運命を共にすることになり、マゾフシェ地方の西のはずれに位置したウッジはウェンチツァ郡とともに1793年の第2次ポーランド分割後はプロイセン領に属することになった。この地方を領有したプロイセンはさっそく人口調査を行い、それによって1793年のウッジには191人の市住人のうち手工業者として、皮なめし工と仕立屋の2家族、計11人のユダヤ人がいたことがわかる。プロイセンはポーランド内の教会領を世俗化する方針をもっていたために司教領であったウッジも政府所有の都市に変更され、さらにプロイセン政府はユダヤ人に有利な態度をとって（法制上にとどまったとはいえ）1797年にはユダヤ人をある程度キリスト教徒と平等にする規定を定め（Statut Generalny）、1802年にはプロイセン領にユダヤ人居住規制 de non tolerandis ludoeis の廃止を宣言した。それはシュテートルの有無にかかわらずユダヤ人はどこにでも自由に住めるようになることを意味する。おそらくそれ以降ウッジへのユダヤ人の移住が増えていったと思われるが、1809年まで住人の調査が行われることはなかった。[7] なお、1797年にはプロイセン領に住むすべてのユダヤ人に初めて姓（名字）をもつことも定められている。[8]

　1806年にプロイセンがナポレオンとの戦争に敗れると、ウッジはワルシャワを中心に成立したワルシャワ公国の領域に編入されることになり、再びポーランド領に戻る。ところがプロイセンとは異なり、公国はユダヤ人に対する規制を元に戻してしまう。ユダヤ人は都市への移住と土地購入に関してまたもや制約を受けることになったのである。幸いプロイセン領時代から人口が増え始めていたウッジのユダヤ人（1793年11人、1808年58人、1809人には25家族98人）は独立のシュテートルを設立できる規模に達しており、先に述べたように1806年にはその存在が認められ、1807年にはリー

ダー（szohet）のLewek Heberの名前が、そして1809年の人口調査ではシュテートルの2人のリーダー（starszi kahalny）としてMosz Fajtłowicz と Pinchas Zajdlerの名が出てくるし、木造のシナゴーグもDworska通り（現 Wolborska通り）に存在していた。[9]公国時代（1806-15年）のユダヤ人人口は少しずつ増えて王国時代の初めには市の人口の3分の1以上を占めるまでになっていた。

2　ウッジにおけるユダヤ人人口の増加

　1815年に三国分割のロシア領内にポーランド王国が成立すると、ウッジの政治的環境はまた変化する。ウッジが属することになったポーランド王国政府は、1820年から政府所有の都市となっていたウッジを対象に工業化政策を開始するが、その施策はドイツ方面の繊維手工業者を対象にしたものであってユダヤ人には適用されなかった。逆に行政の上位の権限を握るロシア政府は1822年5月7日に総督布告を発し、市内にユダヤ人居住区域を定め、そこ以外にはわずかなユダヤ人しか住めないようにユダヤ人の居住規制を開始した。一方でザクセンなどからやってくるドイツ人手工業者には手厚い保護を与えながら、ユダヤ人にはそのウッジ市定住を妨げる施策がとられたのである。1825年9月27日の総督布告でユダヤ人は市の北部の限られた区域（Wolborska通り、旧広場、Podrzeczna通り以南）に住むことが義務づけられ、1827年7月1日までの猶予期間にユダヤ人は許可地区以外に従来もっていた不動産を処分し、相部屋で住まざるを得ない人を含めて342人が狭い居住区に移り住んだ。ロシア政府は例外として、2万ズウォティ以上の財産をもち、ポーランド語、フランス語もしくはドイツ語の読み書きができ、7歳以上の子どもを公立学校に通わせ、キリスト教徒と変わらぬ服装をするという条件を満たす2家族、および工場（アルコール蒸留所以外）やレンガ造りの建物を建設できかつ先の3条件を満たす家族、あるいは専門職（自由業）やアルコールを除く卸売商のみに市内の各通りへの居住を許したが、この当時にそのような条件を満たすユ

ダヤ人はほとんどいなかったし、市内に住むドイツ人の間にはユダヤ人との混住を望まない動きも存在した[10]。

　さらにシュテートルに関しても、ロシア政府は1821年12月20日にウッジのそれを廃止して宗教と財政的権限のみをもつ下位組織 Dozory Bóżnicze（祈祷所評議会）に組織変更させた。ウッジにシュテートルが復活するのはようやく1918年のことであった[11]。したがって1918年までユダヤ人共同体の指導者の役割は、この祈祷所評議会の役員が果たすこととなったが、それは主に大工場主、商人、金融家が担っていた。ウッジのユダヤ人の企業家たちが、ユダヤ人の社会にとって不可欠な共同体そのものを支えていたわけである。19世紀80年代以降の同評議会役員の名をあげておくと、Izrael Poznański、Szaja Posenblatt、Adolf Dobranicki、Moszek Aron Wiener、Jakub Wojdysławski、Tobiasz Bialer、Ezra Szykier、Chaim A. Trunk、Icchak Szwarcmanであった。一方19世紀70年代初めから1912年までの最も優れたラビは、大慈善家でウッジのキリスト教徒住人との協力関係を支持する Eliasz Chaim Majzelであった。シュテートルの完全な復活に先立って、祈祷所評議会に代わる Zarząd Gminy（ユダヤ人共同体理事会）が機能することによって、1905年以降は事実上伝統的なユダヤ人共同体の活動が回復された。第1次世界大戦前後には、とりわけ1899年に設立されたウッジのユダヤ人慈善協会 Żydowskie Towarzystwo Dobroczynnościを通じた活動が非常に活発となってユダヤ人共同体の役割を果たしていたが、ポーランドが独立を回復した1918年になってシュテートルはようやくその権限を完全に回復した[12]。

　それまでは手工業的な性格が強かったウッジの繊維工業で、1835年に先述のドイツ人企業家ルドゥヴィク・ガイエルが蒸気機関を導入し、さらに1842年からはイギリスが蒸気力を使用する紡績機の輸出を認め始めた。ウッジ繊維工業の機械化が始まったのである[13]。繊維工業の発展は一層の労働力を必要とし、1839-41年にポーランド人が居住する周辺村落のウッジ市への編入が続いた。それらの理由から、1825年の342人から1830年頃450人、1840年代前半には約1,500人と増えていたユダヤ人人口も、同じく急増するポーランド人やそれ以上のドイツ人の増加には追いつか

ず、1840年代前半には市人口中のその割合は10％にも満たない状態となった。狭い居住区に制約されたことと、この段階ではユダヤ人の繊維工業への関与が後の時代ほど大きくはなかったことが、ドイツ人、ポーランド人と比べてユダヤ人の人口増加が抑えられた理由であった。[14]

　1851年にポーランド王国が関税自主権を失ってロシアの関税境界内に組み込まれてしまうと、むしろ自由に無関税で繊維製品を国内扱いのロシアに輸出できるようになった。さらに1853-56年にはクリミヤ戦争で輸入の道を閉ざされた全ロシア帝国で繊維品需要が増大した。これらの市場の変化は、ウッジの繊維工業に異常なほどの活況をもたらし、ウッジには職を求める人々が押し寄せた。市の人口は1850年の1万5000人から50年代半ばに倍増して3万人を超え、60年代に入ると4万人を数えるまでに増加した。今回はドイツ人、ポーランド人に劣らず、1850年の2,000人から1857年3,000人、1850年代末に4,500人とユダヤ人の人口増加も目立っていた。理由はこの時の繊維工業好況の直接の背景がロシアとの取引すなわちユダヤ人が主に携わる商業の活発化によるものであったことと、1850年代からユダヤ人が手工業者、中小工場主あるいは労働者として次第に繊維生産に関与し始めたからであった。[15]

　ウッジ繊維工業の発展の中でユダヤ人の活動が次第に大きな役割を果たすようになると、そのことが逆にウッジ市に暮らすユダヤ人の社会生活に変化をもたらしていった。ユダヤ人の狭隘な居住区問題の解決もその1つである。1827年7月1日に342人が住んでいたユダヤ人居住区は、ユダヤ人の出生率が非常に高かったために、1841年までに満杯となった。その時、1,359人が19の木造家屋と5棟のレンガ造りの建物に住んでいた。居住区拡張の申請に対してロシア人官吏は文書で許可状を出すことは拒絶したが、ユダヤ人は口頭での改善の約束を得ることができた。それに基づいて居住区の拡張が始まる。まず、従来の居住区の北側すなわちWolborska通り、Podrzeczna通り、旧広場、Drewnowska通り、Stodolniana通り以北に居住区が拡張された。この拡張をロシア政府が公的に認めるのは20年後のことになるが、その時にはすでにこの居住区の人口は4倍近い4,982人に増えていた。その後居住区は再び拡張が必要となり、今度は旧広場、

Aleksandryjska 通り、Świętego Jakuba 通り、Jerozolimska 通り、Franciszukańska 通りの東側および Zgierska 通り、Koscielna 通りと Kościelna 広場に囲まれた地域、そして居住区の南の境界は Łódka 川に達した。結局、市の繊維工業の発展とともに、ユダヤ人の商業上の能力とコンタクトの広さが有用であることをウッジ市のドイツ人やポーランド人も、そしてロシア政府も認めるところとなったために、その居住規制は事実上自由化されていったのである。最終的にロシア政府は1862年6月5日、いわゆるユダヤ人解放令を発し、ウッジの社会、文化、経済のすべての面でユダヤ人の活躍が見られることとなった。[16]

　このユダヤ人に完全な公的権利を認めた1862年の解放令以降ユダヤ人のウッジへの流入が急増した。1864年から1914年のウッジ市の人口増加は約4万人から48万人へと12倍に増えているが、一方ユダヤ人は5,380人から16万2500人へと30倍以上に増加した。民族別の割合も1862年の16.6％から上昇して60年代のうちに20％を超え、1913年には市人口の3分の1以上の34％に達している。1792-1821年にウッジにやってくるユダヤ人の出身地はほとんど市から50km以内であっとの記録が残されているが、それ以降1890年代初めまでのユダヤ人流入はおもにポーランド王国領内からの移住であった。19世紀末になると（特に1892年以降）、ロシアの西部諸県からのユダヤ人追放を命じた1882年の布告の影響でリトアニア人 litwak と呼ばれたユダヤ人が大量にポーランド王国のワルシャワやウッジに移住してきた。史料によれば1914年以前に4万人以上のリトアニアのユダヤ人が流入し、うち1万人以上がウッジに定住したといわれている。[17]

3　ウッジにおけるユダヤ人企業家の誕生
── I. K. ポズナンスキ

　次に、ウッジのユダヤ人が繊維工業の分野で企業家に育っていく具体的な姿を、代表的な繊維企業家であるイズラエル・カルマノヴィチ・ポズナンスキ Izrael Kalmanowicz Poznański を例に見ておこう。カロル・シャイプ

ラー Karol Scheibler、ルドゥヴィク・ガイエル Ludwik Geyer、ユリウシュ・ハインツェル Juliusz Heinzel やルドゥヴィク・グローマン Ludwik Grohman らと並んでウッジを代表する繊維企業家の1人であるポズナンスキの一族はクヤーヴィ地方の出身であった。父 Kalman は、行商人 Izaak の息子として1785年にヴウォツワヴェク近くのコヴァル Kowal で、母 Małka はルビニ Lubiń で生まれた。就業可能な職業の限られていた当時の一般のユダヤ人の例にもれず、Kalman は小規模な小売商（行商）を営んでいた。コヴァル在住中に夫妻には5人の子どもができている（さらに Izrael を含む3人の子どもがのちに生まれる）[18]。

　時代は三国分割からワルシャワ公国、ポーランド王国と政治体制が大きく移り変わる激動期で、中小商人にとっては厳しい時期であったが、1815年のポーランド王国の成立以後、その工業育成策や産業奨励策の影響でウッジ周辺の諸都市には繊維手工業を中心に活気が生まれようとしていた。そんな中、Kalman は1825年にウッジの近郊にあって後にウッジ繊維工業地帯の一角を占めることになるアレクサンドゥルフ Aleksandrów に家族および19歳の作男と12歳の召使いとともに移り住んだ。当時のアレクサンドゥルフは周辺の他の都市よりも人口の多い（1822年当時でウッジよりも多い人口3,000人）毛織物生産の中心地であり、拡大するユダヤ人居住地区も存在していた。Kalman はそこで行商人、リボン織工、羊毛染色工、商人などさまざまな職業につきながら9年間を過ごし、その間に Izrael を含む残り2人の息子が生まれた。しかし1829年から34年にかけて、新しい綿織物からの圧力もあってこの地方の毛織物生産が不況に陥り、一方でウッジの綿工業は活況を呈し始めていたため、いくらか豊かになっていたとはいえ10人の家族を抱える Kalman は1834年の初めにウッジへの移住を決意した[19]。

　1834年4月3日に Kalman は、ウッジで繊維の小間物や香辛料を商う営業許可を得ることができた。最初はそれほど豊かではなかったらしいが、30年代末には経済状況は改善し、1840年にはほかの6人の商人とともに旧広場に面した土地を買いこの地区では初めてのレンガ造りの建物を建設できるほどになっていたし（その不動産の価値は1,200ズウォティ）、年間の

取引高は4,000ズウォティに達した。1840年代にその取引高を維持したKalmanは、世紀半ばになると仕事を手元に残っていた末息子Izraelに譲ることを考え始めた。[20]

イズラエル・ポズナンスキ Izrael Poznański は1833年アレクサンドゥルフで生まれている。兄たちが独立し、姉や妹が嫁いだ後は家に残って家庭内で父親や義理の兄 Tugendhold 博士の教育を受け、後者の勧めでウッジ旧市街区の小学校を終えた後、1847-49年にはウッジ市内の工業区 Nowe Miasto の広場にあった郡立のドイツ語・ロシア語実業学校 Szkoła Powiatowa Realna Niemiecko-Rosyjska を卒業している。彼の学歴は決して高いものではなかったが、この教育期間は Izrael にユダヤ人以外の人的ネットワークを与え、ポーランド語、ドイツ語、ロシア語を身につけさせた。これらのものは、やがて自身のビジネスにとって非常に有益なものとなったのである。[21] また彼はワルシャワの有力なユダヤ人商人Hertz家の娘Leona（1830年生まれ）と1851年3月に結婚するが、それによって妻の資産として繊維製品を取り扱う商店とウッジの小さな織物マニュファクチュアを獲得したばかりでなく、ワルシャワ商人でかつ金融業者のHertz家とのつながりを獲得したのであった。結婚後妻はワルシャワに住みそこで最初の子どもIgnacyを生んでいるが、Izraelはウッジで1852年に父のすべてのビジネス（繊維製品の商店、レンガ造りの建物等の不動産、所有権をもつ2,150ルーブルの価値の商品）を引き継いだ。その際、相続書類にも商店に残されたKalmanowiczという名称にも、家族としての継承性が強調されていた。[22]

Izraelはウッジで父親から引き継いだ商店とワルシャワに妻がもつ商店の両方で商業を行ったほか、妻の資産であった織物マニュファクチュアで初めて繊維製品の生産に取り組んだ。その後、"I. K. Poznański"という名の商社を作り、ロシアの委託商人からの繊維製品の買いつけと商社自身による国産・輸入繊維製品の購入、それらの国内、ロシア西部諸州での販売を行った。彼はアメリカ南北戦争によるヨーロッパの綿花飢饉の際に、シャイプラーなどと同様原料綿花の入手と販売によって大きな利益を得たともいわれているが、いずれにしてもその商業活動はつねに彼の経済活動の中で大きな役割をもち続けており、1865年に念願かなってウッジ商人

組合 Zgromadzenie Kupców m. Łodzi に加入し、Dobranicki、Konstadt や Markusfeld と並んでウッジで最も裕福な商人の1人とみなされていた。

一方1850年頃から始めたマニュファクチュアでの織物生産は1859年に6,000ルーブルに達していたが、主に問屋制前貸 nakład の形態をとっていたのでまだ工場設備を必要としなかった。50台の手織り機を75人の職人に貸し出し、年間10万m以上の綿・麻・羊毛の織物と5,000枚の綿スカーフを生産し、1861年には50人の職人にさらに18人の雇用労働者を加えて、生産は11万mであったから、当時のウッジではこの手のタイプの有力企業の1つとなっていた。1859-68年の間に生産額はおよそ4倍の2万3000ルーブルに拡大したが、このマニュファクチュアは1867年頃ウッジ郊外のズドゥンスカ・ヴォラに移され、1870年代の初めまで生産が続けられた。[23]

Izrael は財産を築くにつれてユダヤ人居住区であった旧市街区を中心に多くの土地と建物を手に入れていった。その中で1862年の農奴解放令によって農民が土地を売ることが可能になったのを受けて彼が購入した市北東部の旧農地の周辺を、Łódka 川があり水力を利用した工場建設に向くと Robert Biedermann や Karol Anstadt が購入するのを見て、自身はより西の Nowomiejska 通りの西側の土地を工場建設用に購入することにした。そしてついに1871年、イギリスの最新の機械織機200台と216馬力の蒸気機関を装備した自分の綿織物工場を Ogrodowa 通りに開設するに至る。文字どおりウッジにおける大企業家の1人となったのである。

工場開設資金の一部はワルシャワ融資銀行 Bank Dyskontowy Warszawski から借りたが、その際には義理の父親 Mojzesz Hertz の口添えが大いに彼を助けたのであった。翌年に織機の台数は2倍、1875年には640台となり、1874年の雇用者数は親方と労働者を合わせて294人、生産額は41万2000ルーブルと工場は順調に拡大してウッジでシャイプラーに次ぐ巨大な綿紡績・織物コンビナートになっていった。そして1889年には500万ルーブルの資本をもつ株式会社「I.K.Poznański 綿製品株式会社」Towarzystwo Akcyjne Wyrobów Bawełnianych I. K. Poznański が生まれることになる。その企業の急速な発展の原因として、シャイプラーなどと同様にこの時代の中心的な工業製品である綿紡績・綿織物の分野で生産を

行ったことのほか、シャイプラーなどより労働者の賃金を抑え、厳しいほど合理的な経営を行ったことが指摘されている。1870年代の段階で利益率が資本の35％という高い利益率がその後の発展をもたらしたのである。[24]

4　ウッジ繊維工業発展におけるユダヤ人の役割

　ウッジの繊維工業に関して繰り返し確認すべきことは、その発展を担った人々が多民族的な構成をもっていたことである。ポーランド王国政府の工業育成策をきっかけとして移住してきたドイツ人や、世紀の後半になるほどその数を増やしたポーランド人移住者はもちろん、本章で取り上げたユダヤ人たちもまたウッジ繊維工業の発展とその社会の近代化の不可欠の担い手であった。19世紀半ば以降のウッジの人口増加の要因について第3章で指摘した7つの要因、すなわち鉄道の発展、ロシアの保護関税、ロシア販売市場、技術革新、農奴解放、ユダヤ人解放令、金融機関のうち、最後の2つは特にユダヤ人に大きくかかわるものであった。

　まず最後の金融機関についてみると、ウッジに金融機関が開設されるのは比較的遅く1860年代のことであるが、広く知られるように高利貸しの形でのユダヤ人による信用供与はそれ以前から行われていた。1914年にはウッジに37の銀行等の金融機関が存在していてポーランド王国全体の信用供与の18％を占めていたが[25]、商業・工業そしてインフラ建築を支えるそれらの金融機関の設立において、ユダヤ人が重要な役割を担ったのである。1872年の「商業銀行」Bank Handlowyや1897年の「商人銀行」Bank Kupieckiの設立にはドイツ人工業家とともに、Ginsberg、Konstadt、Starkman、Jarociński、Goldfeder、Wulfson、Kernbaum、Neuman、Dobranickiその他のユダヤ人一族がかかわり、それ以外に彼ら自身の個人銀行dom bankowyや信用組合 towarzystwo kredytoweを設立した。1914年ウッジに存在した金融機関37のうち、22の機関でユダヤ人は経営陣や監査役に加わり、しかもそのうち11の機関はユダヤ人のみの経営陣だったのである。[26]

　金融業以外に、ポズナンスキの例でもわかるように、ユダヤ人が主たる

職業としていた商業の分野でも彼らの貢献は大きかった。19世紀から第1次世界大戦にかけて繊維工業の発展にとって重要な意味をもった国内、国際商業は、彼らの活動に大きく依存していた。西欧からの原料や機械の輸入、ロシアへの織物輸出も主にユダヤ人企業によって組織された。ユダヤ人は輸送会社の80％以上を所有し、国内外でウッジの織物を扱う商社の74％以上を占めていたし、繊維製品の販売店や倉庫の60％以上はユダヤ人の手にあった。[27]

一方工業との直接の関係については、ユダヤ人は比較的遅れて工業生産分野に進出した。当初はドイツ人が工業もしくは手工業形態で行う毛織物・綿織物生産の傍らで行われた、主にユダヤ人商人による問屋制前貸の形態での織物生産であった。ウッジで最初のものはアウグストゥフ地区のカルヴァリア Kalwaria の商人 Hersz Reinhertz が1825年にウッジで行った毛織物生産、次いで綿商人の Lejzer Berger が1830年に34人に前貸したものであった。1844年にはウッジに8人いた前貸商人のうち7人がユダヤ人であった。やがてマニュファクチュアもしくは工場形態で繊維生産を行うユダヤ人が現れた。その最初の例は1846-47年に30馬力の蒸気機関と112人（1847年）の労働者を雇用する工場を創設したカリシの商人・前貸商人 Dawid Lande であり、1849年に23人、1862年に92人を雇用したプウォツク郡ドゥロビナ出身の商人 Abram Mojżesz Prussak の羊毛紡績・織布工場であった。[28] ポズナンスキの例で見られたような主に商業で得られたユダヤ資本の繊維工業への拡大は、19世紀60年代に拡大し、第1次世界大戦まで続いた。

第6-1表はウッジ繊維工業中のユダヤ人企業の割合を示すものである。1869年より前の時期については、ユダヤ人解放令以前の1860-62年の工業家（fabrykant 手工業の独立親方を含む）と雇用者 siły pomocnicze の人数が[29]わかるが、1860年の繊維業で工業家が2,508人中ユダヤ人は28人（1.1％）、雇用者は5,351人中230人（4.3％）とその割合は非常に低かった。1862年のユダヤ人の割合も、それぞれ2.1％と5.7％であり、若干増えているとはいえユダヤ人の繊維工業への関与はまだまだわずかなものだったのである。[30]

その後になると、第6-1表に見られるように1869-1913年のユダヤ人繊

第6-1表　ウッジ繊維工業におけるユダヤ人企業

年	企業数 総計	企業数 ユダヤ人	生産額（千ルーブル） 総計	生産額（千ルーブル） ユダヤ人	労働者数（人） 総計	労働者数（人） ユダヤ人
1869	290	39 (13.4%)	5,366	980 (16.4%)	5,378	912 (16.9%)
1879	292	80 (27.4%)	27,323	7,413 (27.1%)	14,457	3,608 (24.9%)
1884	195	60 (30.8%)	51,520	11,005 (21.4%)	19,235	5,510 (28.6%)
1893	266	112 (42.1%)	58,930	20,504 (34.8%)	32,201	12,325 (38.3%)
1900	315	125 (39.7%)	10,4917	37,002 (35.3%)	51,816	18,625 (35.9%)
1913	388	201 (51.8%)	232,137	95,687 (41.2%)	91,536	36,173 (39.5%)

（出所）　W. Puś（1998）*Żydzi w Lodzi w latach zaborów 1793-1914*, Łódź, s. 82.

維工場数は39から201に増え、生産は90倍以上に、雇用者数は36倍に増えており、ウッジ繊維工業生産における割合も16.4%から41%以上に増大した。ウッジが繊維工業においてポーランド王国、さらにはロシア帝国の中で突出した地位を占めていたことから、1913年のウッジのユダヤ人繊維企業の生産額で41.2%、労働者数で39.5%という割合は、ポーランド王国全体の中ではそれぞれほぼ27%と22%以上を占めていたことになる。かくてポーランド王国そしてロシア帝国中の最大の繊維工場の頂点に、ドイツ人企業と並んでウッジのユダヤ人による"I. K. Poznański"、"Sz.Rosenblatt"、"M. Silberstein"、"M. A. Wiener"、"M. Kohn"、"J. Wojdysławski"、"Stiller i Bielschowsky"の各株式会社、そして"Jakub Hirszberg i Maks Wilczyński"、"Adam Osser"、"Henryk Hirszberg i Edward Birnbaum"、Salomon Barciński会社、"Samuel Czamański"、"Borys Wachs"の各企業の名があげられることになったのである。[31]

　ところで、すでに触れたように、19世紀前半のユダヤ人は住む場所を規制されただけではなく、土地の所有や取引を禁じられていたから不動産を所有するということは考えられなかった。しかし、ウッジの繊維工業発展につれて活発となったユダヤ人の経済活動は不動産取引にも反映していて、1864年にユダヤ人の所有する建物や敷地はわずかに10%強であったのに、1914年にはその割合は31%に増加していたのである。[32]

5 ウッジのユダヤ人企業家

　18世紀末から第1次世界大戦終了まで123年間にわたって他国によって分割され、支配されていたポーランドでは、その経済の発展も、社会の近代化も独特の色彩を帯びて進行することになった。その際、ウッジ市を作り上げたポーランド人、ドイツ人、ユダヤ人が、それぞれ独自の活動を行いながらも、多面性をもつ相互作用を生み出していた。多面性の中には、民族的衝突や経済的ライバル関係も含まれるが、一方で独特の化学反応ともいえる共生関係も含まれていた。本章で、ウッジのユダヤ人の経済活動を追う中でも、いくつかその共生関係を見ることができた。

　19世紀のポーランドにおけるユダヤ人は、生活面、経済活動の面でいろいろな制約を受け、差別された民族集団であった。それゆえに、その原因でもあり結果でもある閉ざされた民族という側面をもつ。ポズナンスキ父子は、もちろん個人の判断と才覚を基礎にしながら、婚姻を含むユダヤ人独特の家族関係の中で財産を築いていく。しかし一方で特にウッジの企業家第2世代にあたるIzraelは、その教育過程で外部の広い世界との接点をもち、ビジネスと社会活動においては民族を超えたつながりを生かしている。多民族間の連帯とまた一方で展開された彼らの間での厳しいビジネス競争は、民族を問わず、ウッジの企業家のもつ1つの共通した性格であるのかもしれない。

　ユダヤ人のウッジでの経営活動については、企業家ポズナンスキに関して見てきたように商業活動と織物生産活動の両方を行っていたことが、1850年代のポーランド王国のロシア関税への一体化やクリミヤ戦争によるロシア市場での需要増という新たな経済環境に対して非常に有利に作用することになった。[33]ユダヤ人はウッジ繊維工業製品の国際取引を組織し、続いてその資本をこの工業の発展に投じた。一方で信用機関の設立と発展のほとんどは彼らに負っている。彼らはまた、のちに見るようにウッジの教育と文化生活でも大きな貢献を果たしたのであり、ユダヤ人たちはそれぞれの能力を生かしながら個人の事業を発展させるとともに、またウッジ

近代社会の発展に重要な役割を担ったのであった。

〈注〉

1 W. Ziomek, *Udział przedsiębiorstw żydowskich w przemyśle włókienniczym Łodzi w latach 1860 - 1914*, Acta universitatis lodziensis, Folia Historica 63, Łódź, 1998, s. 93.
2 藤井和夫「ポーランドにおけるユダヤ人問題の一局面——19世紀ワルシャワの同化ユダヤ人を中心に」『関西学院大学　人権研究』創刊号、1998年3月、20頁。
3 K. Badziak i J. Walicki, *Żydowskie organizacje społeczne w Łodzi do 1939 r.*, Łódź, 2002, s. 7.
4 W. Puś, *Żydzi w Łodzi w latach zaborów 1793 - 1914*, Łódź, 1998, s. 11.
5 H. Rogoziński, Pierwsi osadnicy żydowscy i ich życie do 1862 roku, w A. Machejek, red., *Żydzi Łódzcy*, Łódź, 2004, s. 11.
6 H. Rogoziński, op. cit., s. 11-12.
7 W. Puś, *Żydzi w Łodzi w latach zaborów 1793-1914*, Łódź, 1998, s. 12-13 および H. Rogoziński, op.cit., s. 12-13.
8 A. Machejek, red., *Imperium Rodziny Poznańskich w Łodzi*, Łódź, 2010, s. 10.
9 W. Puś, op. cit., s. 13-14 および H. Rogoziński, op. cit., s. 12-15.
10 W. Puś, op. cit., s. 14-18 および H. Rogoziński, op. cit., s. 16-18.
11 H. Rogoziński, op. cit., s. 16-18.
12 W. Puś, Okres wielkiego rozwoju gospodarczego 1862-1914, w A. Machejek, red., *Żydzi Łódzcy*, Łódź, 2004, s. 22.
13 ウッジ繊維工業の機械化の進展とそれによる未熟練労働者の雇用増加については藤井和夫『ポーランド近代経済史——ポーランド王国における繊維工業の発展（1815-1914年）』日本評論社、1989年、102-105頁参照。
14 H. Rogoziński, op. cit., s. 18-19.
15 H. Rogoziński, op. cit., s. 19.
16 W. Puś, *Żydzi w Łodzi w latach zaborów 1793-1914*, Łódź, 1998, s. 17-20 および H. Rogoziński, op.cit., s. 20.
17 W. Puś, op. cit., s. 19-25 および W. Puś, Okres wielkiego rozwoju gospodarczego 1862-1914, w A. Machejek, red., *Żydzi Łódzcy*, Łódź, 2004, s. 21.
18 M. Jaskulski, Historia rodu Poznańskich, w A. Machejek, red., *Imperium Rodziny Poznańskich w Łodzi*, Łódź, 2010, s. 10-11.
19 M. Jaskulski, op. cit., s. 11-15.
20 M. Jaskulski, op. cit., s. 15.
21 たとえば同じ学校に後に繊維企業家となるドイツ人のKarol Anstadt や Józef Gampe、Ludwik Peters なども学んでいた。W. Puś, Udział w życiu oświatowym

i kulturalnym miasta, w M. Koter, M. Kulesza, W. Puś, S. Pytlas, *Wpływ wielonarodowego dziedzictwa kulturowego Łodzi na współczesne oblicze miasta*, Łódź, 2005, s. 79.
22 M. Jaskulski, op. cit., s. 15-18.
23 M. Jaskulski, op. cit., s. 14-23 および L. Skrzydło, *Rody fabrykanckie*, Łódź, 1999, s. 53-55.
24 L. Skrzydło, op. cit., s. 53-55 および M. Jaskulski, op. cit., s. 21-30.
25 W. Puś, *Żydzi w Łodzi w latach zaborów 1793-1914*, Łódź, 1998, s. 50.
26 W. Puś, Okres wielkiego rozwoju gospodarczego 1862-1914, w A. Machejek, red., *Żydzi Łódzcy*, Łódź, 2004, s. 23.
27 W. Puś, op. cit., s. 22-23.
28 W. Puś, *Żydzi w Łodzi w latach zaborów 1793-1914*, Łódź, 1998, s. 77-79.
29 ただし作業場で働く独立親方も含む場合もある。
30 W. Ziomek, op. cit., s. 102 の tabela 1 により計算。
31 W. Puś, Okres wielkiego rozwoju gospodarczego 1862-1914, w A. Machejek, red., *Żydzi Łódzcy*, Łódź, 2004, s. 25-27.
32 W. Puś, op. cit., s. 23-25.
33 M. Jaskulski, op. cit., s. 18-19.

第7章

ウッジ繊維工業の労働者

はじめに

　これまでウッジ繊維工業成立と発展の主体的な要因としての初期ポーランド王国政府の政策と企業家たちが果たした役割を見てきたが、企業家たちの努力が繊維工業の発展として実を結ぶとき、その前提には生産の拡大に見合った工業労働力の確保が可能でなければならなかった。19世紀を通して加速度的に進むウッジ市の人口増加は、まさに大量の工業労働力のこの都市への流入を示唆しているが、それはどのような条件のもとに、どのような形で実現したのであろうか。本章ではこの問題を解明してみたい。

　19世紀は、いわゆる産業革命を背景に、イギリスに続いてヨーロッパのあらゆるところで大量の工場労働者が誕生し、社会生活の主人公に躍り出た時代であった。多くの地域では、彼らは社会のまったく新しい階層あるいはグループをなす人々であり、当時の経済活動の中核をなす製造業躍進の担い手であると同時に、彼らの出現が貧困や都市問題といった社会問題を顕在化させることになった。それゆえに工場労働をめぐる諸問題は、企業家にとっても労働者にとっても、19世紀の社会におけるきわめて重要な課題となっていた。

　ポーランドのような後発工業国では、工業労働者の形成過程は、イギリスをはじめとする先進工業国の場合とは異なったプロセスあるいは時間的経緯をたどることになる。そこには、いわゆる農民層の分解の遅れや不徹

底という現象のように、「エルベ川以東」と称される東中欧の工業化に共通した後進性と特質が見いだされるとともに、各国・各地域に特有な社会経済的特徴が現れてくる。労働力形成の特質は、地域の経済的・社会的・政治的な全体構造と深く結びついているのである。また、工業労働力形成プロセスの特質は各産業分野によって大きく異なるはずである。これらのことを念頭に置きながら、ウッジ市における繊維工業の労働者がどのように形成されていったかを見てみよう。

1　ウッジ繊維工業労働者数の増加

　ウッジの繊維工業は初期ポーランド王国政府による工業育成政策を直接のきっかけとして1820年代から成長し始め、1830年代に反ロシア蜂起の挫折後しばらく停滞した後、1850年代から綿工業を中心に再び成長期を迎え、1870年代末以降本格的な発展期を迎える。市の人口も繊維工業の発展につれて増加し、すでに見たようにPuśの集計によれば1820年に767人であった市人口は、1832年4,238人、1841年1万6415人、1850年1万5565人、1860年2万9756人、1870年4万7650人、1880年5万9400人、1890年13万人、1900年28万3200人、1911年51万2472人と急成長しており、20世紀初頭のウッジ市は、ポーランドでワルシャワに次ぐ人口を有する一大工業都市になっていたのであった。

　その激しい人口増加には、3つの要素を考えることができる。1つはウッジ市自体が市域を広げたことによる人口増加である。ウッジ市がポーランド王国政府の工業育成策を受けて「工業区」となったのは1820年であり、その時の住民数は767人、家屋の数は106棟だったが、当時の市の面積は828haであった。その後市域は、翌1821年に1,016haに拡大し、その後も1825年2,205ha、1840年2,739ha、1906年3,811haと4回拡大して1915年まで維持された。後述するように、市の周辺地域にはかなりの人口集積が見られたので、この市域の拡大によって増大する人口も多かったはずである。

次に考えられる人口増加の要素は、人口の自然増である。それは着実に人口を増やすであろうが、このウッジ市のようなきわめて急速な人口増加の主たる要因とは考えにくい。ウッジ市の人口増加がいかに激しいものであるかは、たとえば1800年から1910年の間のヨーロッパのいくつかの都市の人口増加が、ライプツィッヒが20倍、ブダペスト16倍、ミュンヘン15倍、ベルリン12倍、ブリュッセル、グラスゴー、ケルンがそれぞれ10倍、ポーランドのワルシャワで10倍弱なのに対して、その間のウッジの人口増加は実に600倍に達している。市の1ha当たりの人口密度の変化を見ても、1821年0.8人、1840年7.4人、1900年107.7人、1906年86.3人、1910年107人、1913年132.8人と急増しており、特に19世紀後半になると、1872年のポーランド王国全体の1km²当たりの住人数は51.3人であり、その中ではウッジ市を含むウッジ郡はかなり集中も進んで137.6人となっていたが、それでもワルシャワ市を含むワルシャワ郡の243.5人の半分程度でしかなかったのに、同じ数字を1897年について見てみると、王国全体で71.9人と増え、ウッジ郡は453.5人と515.0人のワルシャワ郡に近づいてきており、さらに1913年になると、王国全体で102.5人に対して、ウッジ郡は778.5人にも増えて、ワルシャワ郡の778.4人を上回るまでになっている。ポーランド王国の中でも飛び抜けてウッジおよびその周辺の人口増加が激しかったことがわかるであろう。こうした急激な人口増加には、自然増以外の要因が大きな意味をもったはずである。

そこで3つ目に考えられる人口増加の要素は、市外からのウッジ市への流入者、移住である。その数字を含めて3つの要因に分けた人口増加の実

第7-1表　ウッジの人口増加の推計

(単位は千人、（　）内は％)

年	増加人口総計	自然増	移住	市域拡大
1821–1840	19.4	0.9　(4.6)	18.0　(92.8)	0.5　(2.6)
1841–1906	308.8	89.0　(28.8)	157.2　(50.9)	62.6　(20.3)
1907–1913	177.0	54.5　(30.8)	122.5　(69.2)	—　(—)
1821–1913	505.2	144.4　(28.6)	297.7　(58.9)	63.1　(12.5)

(出所)　Jaskołowska (1973) s. 43.

態を知ることは残された史料の制約から難しいが、さまざまな人口データを総合的に利用したJaskołowskaの推計があるのでそれをみると、工業区の建設直後の人口増加の90%以上が移民によるという時期を例外だと考えても、それ以降も移住による人口増の割合は50%から70%と、つねに人口増加の半ば以上の割合を占めていた。ウッジは繊維工業の発展につれて、外部から夥しい人々を吸収しながら、巨大都市へと成長していったのである。

では、どのような人々がウッジ市に吸収されていったのであろうか。Janczakによれば、次の第7-2表に見られるように、人口のほぼ4分の1を占める有業者人口の比率において、工場経営者および親方や熟練労働者にあたる第2項目（przemysł i rzemiosło）の人口と不熟練工場労働者たる工場使用人や日雇いの第5項目（służący i wyrobnicy）の人口をあわせて、1820年51.0%、1825年63.7%、1828年73.7%、1845年85.6%、1850年88.0%、1855年90.9%、1859年89.7%、1863年92.0%と次第に増えつつ圧倒的な割合を占めるに至っており、特に純粋の雇用労働者である後者の比率は、1850年以降32.3%、56.9%、64.1%、78.1%と急増している。のちに見るようにウッジ市の工業のほとんどを繊維産業が占めていることとあわせて考えれば、ウッジが典型的な繊維工業都市として発展を遂げ、その工場労働者の急増によって人口を急速に増していたことが確認できる。[5] ウッジ市の人口増加の主たる要因をなした市への移住者で量的に最も大きな割

第7-2表 ウッジ市の職業構成

(単位：人)

年	1820	1825	1828	1845	1850	1855	1859	1863
1 農業	74	80	79	43	101	120	140	48
2 工業・手工業	44	182	437	1,337	2,466	2,082	1,703	1,203
3 商業・飲食業	27	56	73	164	381	385	462	609
4 公務員・軍人	2	2	4	52	50	53	81	33
5 使用人・日雇い	63	60	—	206	1,430	3,480	4,263	6,750
有業者合計	210	380	593	1,802	4,428	6,120	6,649	8,643
総人口	767	1,004	4,273	14,585	15,565	24,560	29,450	334,17

(出所) J. K. Janczak (1997) s. 62.

合を占めていたのは、繊維工業労働者だったのである。

　ただ繊維工業労働者の増加といっても、そのテンポには産業の動向と歩調を合わせて比較的大きな波があった。繊維工業の中でも、最初に労働者を引きつけたのは毛織物工業の発展であった。1820年以降、プロイセン領、ポーランド王国、ザクセン、チェコなど広い範囲から職人の移民が流れ込み、同時に並行して国内からも労働者が市に流入しはじめた。当時の労働者供給の特徴は、それが地域的であったことと、羊毛工業における熟練労働力が中心であったことである。王国内で熟練労働者と不熟練労働者を供給したのは、早くに手工業を復興させるかあるいは工業を発展させはじめたマゾフシェ県やカリシ県であった。重要なのは、流入する彼らは農村に多少とも土地をもっており、まだ片足を農業においた毛織物生産者だった点で、雇用労働市場の形成にあたっては、家族の補助的な役割が大きな意味をもったと思われる。1830年までは労働力需要がその供給にまさり、政府所有都市と私有都市で労働者獲得をめぐる競争が生まれた。しかしその後羊毛工業は長い不況を迎え、労働需要も縮んで、人々にほかの場所への移民か農村の家族のもとへの帰郷を迫ったのであった。[6]

　1829-34年の不況の後に、ウッジでは綿工業の発展にともなって雇用労働増加の次の局面が始まった。技術の発展とともに急成長する綿工業中心地すなわちウッジ市および同地帯が多数の雇用労働力を吸収しはじめ、労働市場はポーランド王国全体に拡大した。熟練労働力も不熟練労働力も、1860年代までウッジの労働力市場の需要は増え続け、毛織物生産者の綿工業への移動も見られた。[7]その後1870年代末、ポーランド王国の繊維工業にとって有利な市場環境（ロシアの保護関税政策）が生まれ、同時に工業が生産の機械化を進めた結果、サービスや工業での雇用をめざす余剰人口の都市への流入がますます激しくなり、このプロセスは70年代末から90年代初めにかけて強まった。[8]

　ウッジ市のこのような人口増加を大きな部分としながら、19世紀の末にポーランド王国を都市化の波が襲うこととなった。ポーランド王国の人口1万人以上の都市の王国全体の人口中に占める割合は、1870年の8.6％から、1900年17.5％、1910年18.3％と拡大し、また人口の規模を問わず法

制上の都市の王国全人口に対する割合は1909年に約30.6％に達していて、その割合はイギリスの78.0％やドイツの56.1％あるいはフランスの約40％と比べれば低いものの、すでにハンガリーの23.0％、スウェーデンの22.1％、イタリアの22.1％を上回るものであった。[9] さらに付言すれば、もともとあまり人口の多い国ではなかったポーランド王国は、19世紀における人口増加率がヨーロッパの中でも最も高い地域の1つになっていたのである。[10]

最後に、Puśの整理によりながらポーランド王国の中でのウッジやその繊維工業の位置を確認しておこう。ここではウッジ市のほか、パビャニツェ、ズドゥンスカ・ヴォラ、ズギェシ等の小都市を含むウッジ地帯について見る。その理由は史料の制約のほかに、後述のようにウッジ市に関して、その市外の周辺地域との経済的なつながりの意味が大きいからである。

ウッジ地帯はポーランド王国の工業生産額の1879年41.6％、1893年36.6％、1904年41.2％、1913年37.2％、労働者数の同じく27.0％、30.6％、35.4％、33.5％と、工業生産額では王国の40％弱を、労働者数では約3分の1を占める重要な工業地帯となっていた。[11] 繊維工業に限っていえば、ポーランド王国の中でウッジ地帯は、繊維生産額で80％弱、労働者数では70％強の割合を占めていた。[12] そのウッジの工業の中では、生産額でも労働者数でも、繊維工業がほぼ9割の割合を占めていたのである。[13] なお繊維業中心なので、重工業地帯と比べれば、労働者当たりの動力馬力数は1870-90年代には30％を切っていて特に大きくない。その後は労働者の割合とほぼ同じであった。[14] ちなみに労働者1人当たりの馬力数は、ポーランド王国の中では重工業地帯にあたるソスノヴィェツ・チェンストホヴァ地帯が、1879年0.38馬力、1893年0.86馬力、1904年1.12馬力、1913年1.81馬力であったのに対して、ウッジ地帯は1879年0.11馬力、1893年0.45馬力、1904年0.67馬力、1913年0.91馬力であり、それはポーランド王国全体の馬力数1879年0.19、1893年0.46、1904年0.67、1913年0.98とほぼ同じかやや下回っていた。[15] 繊維工業ゆえのこの状況は、労働者数と同地帯の工業の発展とがいっそう密の関係をもつことを示唆するものでもあろう。

次に全体としてポーランド王国の中で繊維工業がどのような意味をもっ

ていたかをみると、生産額でも労働者数でも、繊維工業は 40％強の割合を占めて、ポーランド王国の最も重要な工業部門となっていた[16]。ちなみに、ロシア帝国の繊維工業の中でのポーランド王国のウェイトをみると、生産額では 1870 年の 7.4％から 1910 年の 21.4％と次第に高まっており、労働者数でも 1870 年の 7.4％から 1910 年には 17.3％となっているが、その割合は工業全体でのウェイトを若干下回るものであった[17]。

2　ウッジ繊維工業労働者の出自

さて前節でウッジ市の人口急増の事実と、それが主として繊維労働者の流入によるものであることが明らかとなったが、では彼らはいったいどこからやってきたのであろうか。まず、労働者の出自を示すデータが比較的に利用可能な 1864 年時点でのウッジ市の定住人口の中の労働者の出身地を見てみよう。繊維熟練労働者（親方、職人だけでなく徒弟も含む）3,725 人、不熟練労働者 1,722 人および使用人 służba 1,062 人（うち少なくとも 50-60％は繊維工業で糸巻き工や梳毛工の賃仕事に従事）の出自を知ることができる。熟練労働者の 3,725 人のうち 95 人はいわゆる独立親方で、当時問屋制前貸に連なって工場か商人のための生産をおこなっていた。そのうち 3,462 人は種々の専門家として繊維工場に雇用された熟練技術をもつ親方もしくは職人で、168 人は同職組合に登録された徒弟で、多くは工場やマニュファクチュアで働く熟練技術をもつ若者であった。一方、日雇い（不熟練労働者）も使用人も、当時多くの不熟練労働者が非定住人口として居住していた事実から、ここでの定住人口の数字は不熟練労働者のごく部分的な数字でしかないことに注意しなければならない[18]。第 7-3 表はその熟練労働者の出自を示したものである。

ウッジの繊維工業に特異なザクセンやチェコからの移住労働者の数が目立つが、全体の 3 分の 2 はポーランド王国の出身になっている。王国出身の熟練労働者 2,199 人の 95％にあたる 2,001 人がウッジが属するワルシャワ県出身（なかでもウッジの北 8km のウェンチツァが 1,230 人で 56％、南

第7-3表　ウッジ繊維工業熟練労働者の出自

(1864年、定住人口)

出自	独立親方	熟練労働者	徒弟	計
ポーランド王国	35	2,002	160	2,199
ポズナニ公国	7	7		
シロンスク（シュレージエン）	19	19		
オーストリア領	5	66		71
チェコ	28	532	2	562
モラヴィア		23		23
フランス		2		2
バーデン		34		34
バヴァリア（バイエルン）		8		8
プロイセン	6	291	3	300
ザクセン	10	342		352
ロシア		6	1	7
その他	9	118		127
不明		12	2	14
計	95	3,462	168	3,725

(出所)　Missalowa (1967) s. 45.

西10kmのシェラズが287人で15％弱を占める)で、そのうち都市出身は1,581人(79％)、農村出身は420人(21％)であった。[19]

次に不熟練労働者を見てみよう。不熟練労働者の場合、約70％がポーランド王国出身者であり、その1,189人のうち648人(54％)が都市出身で、541人(46％)が農村出身であった。また、女性労働者が不熟練労働全体の53％、ポーランド王国出身では47％を占めている。ちなみに両者以外の使用人層の女性の割合は87％になり、多くは都市出身であった。[20]

さらに、1864年の段階で、都市出身であることが明らかな熟練および不熟練労働者2,166人のうち、ウッジで生まれたという繊維労働者が1,017人いたことが注目される。より詳しくみれば2,166人の中で、熟練労働者1,581人の50％にあたる802人がウッジ生まれであり、不熟練労働者585人の37％にあたる215人が同じくウッジ生まれであった。彼らはウッジに定住する繊維労働者の第2・第3世代にあたる。[21]

第7-4表　ウッジ繊維工業不熟練労働者の出自

(1864年、定住人口)

出自	男性	女性	計
ポーランド王国	631	958	1,189
プロイセン領	14	39	53
オーストリア	9	9	18
チェコ	28	85	113
フランス	1	2	3
オランダ	1		1
プロイセン	60	89	149
他のドイツ諸国	48	100	148
不明	19	29	48
計	811	911	1,722

(出所)　Missalowa (1967) s. 45.

　上記は1864年という一時点でのウッジ繊維労働者の出自を見たものだが、1820年から第1次世界大戦までの期間を通じてのウッジの繊維労働者の出自に関しては、全体としてどのようなことがいえるであろうか。Grossは19世紀ポーランドの労働者階級の最大の源泉は土地なし農であるといい、次いで工場との競争に敗れて崩壊していく手工業者層、そして3番目にポーランドにやってくる移民であることを指摘し、さらに少数で大きな意味はもたないものの没落した貴族もそれに加えられるとしている。[22] Missalowaも同じように労働者階級の基本的な供給源は主として農村であったと指摘しながら、ウッジの繊維工業労働者の出自について次の4つのグループをあげている。

　第1のグループはもちろん農民である。ポーランド王国は、1895年から1912年の時点でも57-58％とフランスの44.6％（1906年）等と比べればまだ農民人口の多い国であった。[23] ウッジやパビャニツェ、オゾルクフ、ズギェシなどウッジとともに繊維工業地帯を形成する周囲の工業都市の周辺にも多数の村が存在しているが、基本的にほとんどすべての村からそれらの都市の工場やマニュファクチュアに、あるいは定職の、あるいは季節労働の賃労働者として働きに来ていた。なかには村をあげて繊維手工業や工

場での賃仕事に特化するケースもあったという。彼らはおそらく土地から追放された人々であって、工場で働くことによってようやく家族とともに生まれ育った村の家で暮らすことが可能だったのであり、その生活は完全に土地から切り離されたものになっていた。Missalowa によれば、このような形で村に居住していた労働者が都市に完全に移り住むことは、残していく住んでいた家や借地に愛着を感じなければ、実際比較的簡単であった。[24]

ただ時期的には、1864 年の農奴解放に至るまでの時期、農民の地主への経済的従属が工業労働への直接の移動を妨げる要因となっていたために、農村はわずかな程度にしか工業のための労働力の貯蔵庫にならなかったのであり、[25] むしろ 1870 年代末に農村からウッジへ大量の人々の移動が始まり、高い水準で 1880 年代から 90 年代の初めまで続いたとみなされる。Żarnowska は、ウッジへの農村からの流入はもっぱら地元のカリシ県の 4 つの郡からに限られていたとみており、その数を年間 8,000 人と見積って、1897 年には農村からの移住者はウッジ総人口の 30％ 近くになると推測している。第 1 次世界大戦の時期に至るまで、ウッジの労働者にはワルシャワよりも農村出身者が多かったのである。[26]

第 2 のグループは、ウッジに特有ともいえる国外からの繊維手工業者の流入である。繊維労働者の供給源として、ウッジの場合は、繊維全般にわたる専門家の、旧ポーランド領で今はプロイセン領となった地域や、主としてチェコやザクセンから、そしてごくまれにイギリス、フランス、スイスといった外国からの、合計すると相当数の移住があった。その移住の経緯や経済状況はさまざまであっても、彼らはウッジの多数の生産者、企業間の競争を通じて工場労働者化し、特に熟練工場労働者となっていった。そしてウッジ労働者の多民族的特徴を形作ったのである。[27] このグループ形成の詳細はすでに分析したところであるが、[28] 主としてドイツ地方（プロイセン、ザクセン、バヴァリア、ナドレニア）そしてチェコやオーストリアから入植した移民は、その数についての大きな論争にもかかわらず、10 万人を下らないと考えられる。そして 19 世紀 20-30 年代に入植した後、彼らの多くは独立毛織物手工業者として生産を始めたが、問屋制ついでマニュファクチュアや最後には機械化された工場生産に組織化されるにつれ

て、その多くは熟練労働者に変わっていった。もちろん移民の中には経済的に成功して工場の所有者となる者もいたが、高い熟練をもつほかの人々はウッジ地帯のマニュファクチュアや工場で技術監督者の役割を果たした[29]。

　第3のグループは、近隣小都市に住む職人たちである。繊維工業の成立は、特にギルドの織物工や紡績工を中心とする独立手工業者を衰退させ、彼らはマニュファクチュアや工場に職を求めなければならなかった[30]。そしてやや時をおいて、1860年代・70年代初めのウッジ繊維工業労働者の圧倒的多数は同市出身となっているが、その多くは1840年代・50年代、そして特に1865年以降にウッジの熟練労働者層を供給し、貧困化した親方の子孫であった。ウッジにおいては、1880年代、1890年代に生産年齢になる人々が、手工業者や家内織物工の子孫であったということが特徴的であり、独立小織物工の困窮化と工場労働者層への流入は1890年代にもなお続くのである。実はこの点が、ウッジの工場労働者の社会構造を際立たせている点で、ワルシャワでは困窮化した親方の息子たちは、まず何より手工業での賃仕事に向かい、工場で働こうとはしなかったのである[31]。

　最後に第4のグループとして、例外的なケースとしてだが、没落して困窮化したシュラフタ（小貴族）の子弟も工場労働者化した[32]。先に挙げたGrossも、1831年と1864年の反ロシア暴動の後、反乱に加わった中小貴族の領地が没収され、その家族と領地を失った貴族の一部が工場労働に従事したことを指摘している[33]。しかし、ここでは手工業者の場合とは逆に、ワルシャワと異なってウッジではシュラフタ層は労働者階級の供給源としてはほとんど何の役割も果たさなかったとみなすべきであろう[34]。

3　農村からの労働者流入のプロセス

　前節において、初期にはウッジの繊維工業労働者を形成した源泉は国外から移住してきた親方や周辺小都市の職人層であり、後半にはその第2・第3世代に加えて、新たに大量に周辺農村から流入する農民たちであったことを確認した。本節では農民の繊維工業へのかかわり方をもう少し詳し

く見てみよう。

　たしかに19世紀の半ば以前、農民がポーランドの繊維工業での賃労働に直接移ることは非常にまれであったが、しかし一方で工業地帯では、工業関連（原料や他の物資）の輸送や工業地帯で間接的に工業にかかわるほかの賃労働（道路建設等）に農民が従事して、何らかの形で繊維工業に関係をもつことはかなりしばしば見られた。Śmiałowskiによれば、すでに1840年代にウッジ周辺の3つの郡において農民はかなり広範に賃労働に従事しており、あわせて48％の農村で農業での賃労働がみられ、それ以外に31％の農村では農業以外の仕事で賃労働をしていたという。その内容が把握された473村のうち、123村と一番多いのが都市での何らかの賃労働になっており、輸送（101村）や林業（76村）よりも多いのである。さらに工場やマニュファクチュアでの賃労働が48村、農村での手工業・織物業が28村となっている[36]。土地なし農や小農の間で、相当程度賃労働が広がり始めており、それもこの段階で繊維工業にかなり近い職種が驚くほど多いのである。

　そもそも19世紀のポーランドでは、農村人口の中で広く自家用の手織りの毛織物・麻織物生産が拡がり、多くはないが一部は地域の市場目当てに生産が行われていたことを思い出さねばなるまい。ポーランド王国で1850-70年に農村で約14万台の織機が使用されており、麻織物では王国の麻織物生産の実に40％が農村で生産されていたのである[37]。都市への出稼ぎにしろ、農村での繊維手工業にせよ、農民と繊維工業とのかかわりは、想定される以上に早期にかつ広範に見られたと考えるべきであろう。Missalowaも、ウッジ周辺の郡部（農村地帯）を調べてみると、最も広く行われていた農民の賃仕事は都市の工業（主に繊維工業）に関係したものであり、その他都市内あるいは都市と外部との輸送にかかわる農民も多く、結局、土地なし農や小作農が都市に出て賃労働をするというのが一般的な形態となって、農民と都市の工場労働との結びつきは強まる一方であったという。また先に見たように1864年にウッジ繊維工業の不熟練労働者あるいは熟練労働者の一部にこれらの村出身のウッジ市に定住する労働者がいるが、彼らはかつて活発に繊維工業の賃仕事に出稼ぎしていた農

民たちだったのであり、1846年から1864年の20年足らずの間にこのプロセスが進行していたことを確認できるとも述べている[38]。もちろん工業都市周辺の旧来の半農の小都市住民みずから、あるいはその子弟が、工場の親方のもとに学んで熟練労働者となったケースも多く、彼らは農業を捨てて完全に職人となるか、あるいはマニュファクチュアや工場に賃仕事をする織工として働いたのである[39]。

　1860年代・70年代になると、ウッジ市の周囲を囲む農村に、より遠方のピョトゥルクフ県、カリシ県、ワルシャワ県などからの農民の移住が強まった。彼らはその市周辺農村に住みながらウッジ市内の工場で働くか、その周辺農村で農業労働に従事した。しかしこの段階でウッジ市に定住する農民はまだ少なく、かなりの農民は都市に近づきながらも周辺農村にとどまって、農村社会との経済的、社会的なつながりを完全に絶とうとはしなかった。19世紀末に至っても、労働者のかなりの部分はウッジ、特にヴィゼフのような郊外の工場で働きに近くの農村から通っていたのである。結局、1880年代以降も、農村出身でウッジに住み着いた農民でも農村との関係を最終的になくしてはおらず、特に工場で職がないときは賃仕事を探しに農村に戻っているのである。ウッジ繊維労働者の家族調査でも同じ結論が得られ、1890年代末でもかなりのグループ（5分の1以上）は単身労働者で、主に農村に残した家族と長い別居生活をしていた[40]。

　もっともこれも世代による差が大きく、1850年代・60年代生まれでウッジに来る農民は、その時未成年であった者は少なく、成人で家族連れであることもまれではなかったし、工場に勤める前は農業関係で働いていた。しかし世紀末4半世紀から1914年までにウッジに来た労働者の世代は、農業労働者がウッジの工業に流入するという例は次第に減って、小規模農業とは完全に縁を切っていた。彼らの多くは10歳代以下の小作農の子どもで、その多くはもはや農業で暮らしていこうとは思っていなかった。農村出身といっても、この世代はごく小さい子ども時代を農村で過ごしたに過ぎず、そうでない場合も農村で農業以外の、たとえば農村の職人や都市郊外の手工業での雇い人等で生計を立てていたのである。

　また19世紀末から20世紀初頭は、父親がすでに労働者であった割合が

以前より高まる。先に述べたように、農民がいきなり都市内部に住むというのは必ずしも一般的ではなく、まずは都市周辺部に住みながら都市の工場で働くというケースもよく見られたが、そうした流入農民が住み着く都市周辺の農村が、そのまま大都市の繊維工業に働く労働者の巨大な居住区に転化するということもよく見られた。ウッジでいえばホイヌィやヴィゼフといった村がそれにあたる。ウッジの繊維工業に雇用されることで生計を立てるようになった農民たちが、それらの村の細かく分けられた荘園や農民保有地を買い取って集まり暮らすようになるのであるが、1860年代・70年代から両農村はウッジの労働者地区に移行していった。特にホイヌィはウッジの人口増加に対して大きな役割を果たしており、ウッジに流入する工業労働者がいったんはこの村に住み着いた後にウッジ市内に定住するようになったり、不況期には逆の人口移動があったのである。また同じようなウッジ周辺の村であるバウティは、20世紀初頭にはなんと人口10万人を超える驚くべき村になっていた。ほかのヴィゼフ、ホイヌィ、カロルフといった村々も同じような状況であった。

19世紀末から20世紀初頭には、大規模な近代的な繊維企業（そのうちポーランド王国で最大のものは5,000人から9,000人の労働者を雇用していた）が支配し始めるとともに、交通手段の発達によって工場労働者化する農村や小都市住人の移動性が増大して労働力市場の地域拡大が顕著となった。一方で市内に定住したり、周辺地区に居住する第2・第3世代の労働者の数も増えていく。

ところで、ウッジで組織的な労働者募集が行われたかどうかについての公式の資料はないが、よく行われていたのが、職人の行く居酒屋とか労働者が集まる酒場で行われる募集活動であった。時には工場主が新聞に募集広告を載せることもあった。また1864年にはウッジに使用人斡旋事務所kantor pośrednictwa pracy służących開設がアナウンスされている。そのほかにも私的な労働仲介所もあって、当時ウッジでは自由な雇用労働が広く広がっていたのである。

4 農村からの労働者流入の経済的背景

　以上、農民がどのような移動プロセスで都市の繊維工業に賃金労働者としてかかわっていったかというプロセスを見たが、ここでそういう移動が発生する原因となった経済的背景について検討してみよう。農民がみずからの社会を離れて賃仕事を求め、大量に大都市の繊維工業の労働者となってウッジに流れ込むには、まず農民が農村を離れる動機、もしくは農民を農村から押し出す要因がなければなるまい。さらに、都市に大量に流入するための工業の側での吸引要因があるはずである。まず前者、農民が農村を離れる要因から見ていこう。

　そもそも農業に必要な土地をもたない農民は、何らかの形で労働を提供して賃金を得ることで生計を立てる以外にないが、たとえ土地をもっていても農民が工場労働に従事しようとする理由もあった。すなわち1850年のウッジ市当局の記録には、1848年と1849年の厳しい不作の後、農民たちは季節労働に走ったが、その目的は、稼いだ金額を未払いの税金や小作料に回すためであった。そうした差し迫った事情から、ウッジに近いトマシュフの領地に住む農民が、年間に金属工業での賃労働で1万2000ルーブルを稼いでいたところ、1851年に最後の溶鉱炉の閉鎖が計画されると、激しく抗議して抵抗する例なども見られた。[46] 先に見たように、すでに農民にとっては工場での賃労働がその生活に深くかかわりはじめていたのである。

　農民は、義務である賦役以外に、自分が所属する領地で農業関係の賃労働につくよりも、都市の工場に出稼ぎに行く方を好んだ。ラドムの地主は「農民は、何ら強制的な手段を用いなくても都市の賃労働にはいつでも出かけていき、そこで雇われて貧困生活を送る方を好む」と記している。農民が領地で働きたがらないことを知る領主（地主）は、郡長（それはしばしば領主自身であった）の許可なしに農民が村を離れることを禁じた1818年の決定に基づいて、農民が都市に賃仕事に出かけるのを禁じようとさえした。[47]

なぜ農民が領地での賃仕事をいやがったのかは、すでに明らかであろう。そこでの支払いがきわめて悪かったからである。そのひどさは、地主制支持者のルドゥヴィク・グルスキ Ludwik Górski が1860年に地主たちが農民の怠惰や無能を理由にさらに賃仕事全般の価格を下げる目的で賃金の統一化が計画されていることを農民に対する恥ずべき搾取だと非難するほどであった。実際の支払い金額を詳細に知ることは困難であるが、たとえば Śmiałowski によれば、1840年代に領主の賦役つまり半ば強制的な労働に駆り出されたときの支払いは、刈り入れのような辛い仕事で1日7.5コペイカであったのに対し、雇われた農業労働者の場合は2倍の15コペイカであり、手工業の賃金は後者とほぼ同額であったという。しかしそれはむしろ最低基準で、実際の作業によって金額は調整され、後には次第に増額もされた。背景には労働者確保をめぐる農業と工業との競争があったのである。

　1830年代の不況以降は、ウッジの繊維工業にとって長期の労働力不足になっていたから、ウッジやその工業地帯は比較的に労働賃金の高い地域になっていた。そのため地主たちは、ウッジや他の都市は労働力を吸収し、一方農業労働力は慢性的に不足していると嘆いている。ところが1870年代・80年代になって、貧しい農民が大挙して都市に向かうようになると、ようやく状況は変わりはじめた。労働力供給の増大が大きな労働予備軍を作り始めたのである。ウッジの市長たちは、さらに農村領地での過重な労働負荷に反対し、地主の寛大さを要求した。こうして70年代・80年代になると、ウッジのどの工業でも働き口の需要がその供給を凌駕したのである。

　農村からの余剰労働力の流出が、それまで農民の都市への移住を制限していた公式の法的障碍を取り除いた1864年3月の農奴解放令から10年も遅れたことには2つの理由が考えられる。まず第1に、農村での生活手段に結びつく生活環境を放棄することに困難を感じる心理的な壁である。第2には、不十分な国内市場の発展（農村での工業製品の少ない需要）や1873年の経済危機がもたらす19世紀60年代末・70年代の比較的緩慢なポーランド王国繊維工業の拡大であった。土地なし農のさらなる困窮過程、農村

での賃労働の見込みの欠如、そして他方でのロシアの1877年の保護関税政策がポーランドの繊維工業にロシア市場の需要をもたらしたことが、ようやく繊維工業と労働力需要のダイナミックな発展をもたらしたのであった。[51]

とはいっても、一方で農村においては1864年の農民解放令によってかえって土地なし農が大量に発生していた1870年代末は、他方でロシアの保護関税によってロシア領内であったポーランド王国の繊維工業に広大なロシア市場が開かれ、あわせて繊維生産の機械化が進んだことによってウッジの繊維工業が本格的に拡大していく条件の整った時期でもあって、労働力の需要と供給の関係が一挙に逆転する状況にはなかった。農民にとって、相対的に賃金の低い農業で賃仕事をするインセンティヴは少なく、加えてますます農地は奪われるか限られてくるために、都市に出て賃労働の仕事を探そうとする圧力は高まり、農村を離れる傾向に大きな変化は生まれてこない。また工場主にとっては、労働力の供給が増えても、拡大する市場をめぐって企業間の競争が激しくなる中で、労働力確保の必要はむしろ強まるほどだったのである。

5　近代社会の形成と労働者

以上のように特に1860年代半ば以降ウッジでは大量の労働者層が形成されることになったが、ポーランドにおける近代社会の成立という観点からみて、そこから発生したと考えられる2つの現象について最後に触れておこう。1つは女子や児童労働力の利用についてである。ポーランドでは繊維工業発展の初期の段階から、問屋制に使用されるマニュファクチュア労働者や手工業者で男性が断然多い中で、補助的な労働では女性や15歳未満の子どもが働いていた。後に繊維工場の機械化が進むにつれて女子や児童労働の利用が可能となってその利用は本格化し、1865年にポーランド王国の繊維工業の女性の割合は24％に増え、最もダイナミックに発展した1880-1900年には40-45％になっていた。なお繊維工業の部門によっ

ては（たとえば靴下生産部門）女子の割合は雇用全体の75％にも達している。子どもの雇用は、1882年と1885年の布告による労働法で工場労働が制限されるまで、ほぼ20％程度を占め続けた。最終的に19世紀90年代半ばにポーランド王国繊維工業で働く子どもの割合は2.5％まで減らされることになったのである。企業主にとって女子労働と児童労働の使用は、19世紀80年代にポーランド王国では女性の平均的な賃金は男性の2分の1から4分の3であり、子どもは3分の1から5分の1でしかなかったから生産コスト削減の確実な方法であった。[52]

　具体的な例を示せば、ウッジ最大の企業家で、ウッジの工場で最大の労働者が働くカロル・シャイプラーの綿織物・綿紡績工場で、1885年に5,006人の労働者が働いていたが、そのうち2,642人は女子労働者であった。さらに394人の染色・仕上げ工のうちの68人の女子労働者（うち28人は若年労働者）を加えると、シャイプラーの工場全体の51％は女子労働者であった。1892年には女子労働者は5,840人中の3,093人の52％であり、1888-1900年に女性雇用はつねに50％を超え（1888年52.6％、1889年51.3％、1900年51.3％）、1904年にようやく45％の水準に下がった。同じく大企業のイズラエル・K・ポズナンスキの工場では、1885年に1,965人雇用するうち1,195人は女性であり、捺染・仕上げの130人の労働者のうち60人は女性、つまり従業員全体で46％が女性であった。1892年にはポズナンスキ工場の4,017人の労働者のうち2,513人、62.5％が女性であった。ほかの大きな綿工場も同じで、ガイエルは1885年40％、1892年60％の女性を雇用し、グローマンの工場では1886年54％、1892年63％が女性労働者であった。[53]

　もう1つの事象は、企業家による労働者住宅の建設である。ウッジ市の急激な人口増加は、当然市内の住宅事情の悪化をもたらさずにはいなかった。ロシア支配下の政府や地方行政に深刻なその問題を解決する意思も力もなく、多数の労働者を抱える企業家にとっては、労働力確保の面からもそれはみずから解決していくほかなかった。企業家による労働者のための住宅建設の始まりは1820年代まで遡る。当時企業家のコピシュが労働者のために17戸の住宅を建設し、11人の織物職人には住宅建設のための木

材を提供している。1830年にはガイエルが自分の工場の熟練専門職人のために4部屋からなるレンガ造りの住居を5棟建設した。しかし19世紀前半にあっては、これらは例外的な事例であった。企業家による温情的な住居建設が本格化するのは、1860年代末のことであり、それが最も活発だったのは1870年から1900年にかけてであった。最大の労働者集合住宅は、シャイプラーの工場、ポズナンスキの工場、ヴィゼフ織物工場 Widzewska Manufakutura（クニツェルの工場）にあった。1925年のウッジでの労働監督局調査では、集合住宅を含めて合計260棟の工場労働者のための住居があり、3,352家族がそこに住んでいた。ただしそれらの住居に住むことができたのは当該企業に勤める労働者のみであって、工場を失職するとこの住居からも追い出されたのである。[54]

以上われわれは、1860年代から第1次世界大戦までのウッジ繊維工業の発展が、ほかに例を見ないようなその人口増加をともなっていたこと、それは主に農村からの工場労働者の流入によるものであったこと、彼らは一挙に市内の定住人口となったのではなくて、市の周辺部に分厚い労働者居住区を形成しながら、やや流動的な形で繊維工業労働者層となったこと、その背後に賃金労働をめぐる農民と工場主のそれぞれの事情が重層的に絡んでいたことを見てきた。今やウッジは、多民族からなる企業家と労働者が生活の安定と繁栄を求めて続々と集まりダイナミックに活動する、19世紀ポーランドにおける近代社会の最先端の都市となったのである。[55]

都市の工場労働者について、Missalowaは、このように大量の農民が都市に流入し現代社会につながるまったく新しい階層として工場労働者となっていく現象は、彼らの新しい都市住民としてのメンタリティや生活習慣、さらには政治意識の形成等の問題につながると述べているが、一方でŚmiałowskiは、「ウッジ市の人口構成で流入者がこのように多いことから、その性格は登録上はともかく都市住民とは言いにくいことになる。彼らはその出身社会の習慣や風習を持ち込んでおり、社会的には保守的で、その世界観は教会の教えに従属していたし、その生活ぶりは上昇志向でも野心的でもなかった。貧しい社会の出身ゆえに、生活のわずかな上昇でも彼らには大きな成功と感じられたのである。このことが、彼らの文化生

活、政治生活、労働運動の形成に重大な影響を与えたのであった」と指摘している。[57]「約束の土地」ウッジを真の近代社会に導くには、この時代にあってはやはり企業家の活動が要になる。彼らは都市の近代社会でどのような働きをすることになるのだろうか。章を改めて、それについて考えてみよう。

〈注〉

1　W. Długoborski, Napływ siły roboczej do przemysłu w krajach Europy środkowo-wschodniej, w Pietrzak-Pawlowska, red., *Gospodarka przemysłowa i początki cywilizacji technicznej w rolniczych krajach Europy*, Wrocław, 1977, s. 235.
2　W. Jaskołowska, Rozwój stosunków mieszkaniowych w Łódzi przemysłowej (do 1914r.), "*Rocznik Łódzki,*" Tom XVII (XX), Łódź, 1973, s. 41-42.
3　W. Jaskołowska, op. cit., s. 42.
4　M. Nietyska, *Rozwój miast i aglomeracji miejsko-przemysłowych w Krolestwie Polskim 1865-1914*, Warszawa, 1986, s. 284.
5　J. K. Janczak, Struktura społeczna ludności Łódzi w latach 1820-1918, w P. Samuś, red., *Polacy -niemcy - żydzi w Łódzi w XIX-XXw.*, Łódź, 1997, s. 62.
6　G. Missalowa, *Studia nad powstaniem łódzkiego okręgu przemysłowego 1815-1870*, Tom II, Klasa robotnicza, Łódź, 1967, s. 52-53.
7　G. Missalowa, op. cit., s. 53.
8　W. Puś, Robotnicy w przemyśle włókienniczym ziem polskich w XIX i na początku XX wieku. Problemy rekrutacji, w W. Puś red., *Studia z historii społeczno-gospodarczej XIX i XX wieku*, Tom I, Łódź, 2003, s. 12.
9　A. Żarnowska, Zmiany struktury społeczno-zawodowej ludnosci ziem polskich na tle Europy Środkowej, w I Pietrzak-Pawlowska, red., *Gospodarka przemysłowa i początki cywilizacji technicznej w rolniczych krajach Europy*, Wrocław, 1977, s. 257-258.
10　F. Gross, The working class in Poland, in M. Giergielewicz, ed., *Polish civilization-Essays and Studies*, New York UP, 1979, s. 246.
11　W. Puś, *Rozwój przemysłu w Krolestwie Polskim 1870-1914*, Łódź, 1977, s. 52-53.
12　W. Puś, op. cit., s. 76.
13　W. Puś, op. cit., s. 104-105.
14　W. Puś, op. cit., s. 52-53.

15　W. Puś, op. cit., s. 55.
16　W. Puś, op. cit., s. 90-91.
17　W. Puś, op. cit., s. 172, 198.
18　G. Missalowa, op. cit., s. 44-45.
19　G. Missalowa, op. cit., s. 46.
20　G. Missalowa, op. cit., s. 49.
21　G. Missalowa, op. cit., s. 49-50.
22　F. Gross, op. cit., pp. 246-247.
23　A. Żarnowska, op. cit., s. 259.
24　G. Missalowa, op. cit., s. 32-39.
25　W. Puś, Robotnicy w przemyśle włókienniczym ziem polskich w XIX i na początku XX wieku. Problemy rekrutacji, w W. Puś red., *Studia z historii społeczno-gospodarczej XIX i XX wieku*, Tom I, Łódź, 2003, s. 9-10.
26　A. Żarnowska, *Klasa robotnicza Krolestwa Polskiego 1870-1914*, Warszawa, 1974, s. 145-148.
27　G. Missalowa, op. cit., s. 32-33.
28　藤井和夫『ポーランド近代経済史——ポーランド王国における繊維工業の発展(1815-1914年)』日本評論社、1989年、第2章。
29　W. Puś, op. cit., s. 13.
30　W. Puś, op. cit., s. 12-13.
31　A. Żarnowska, op. cit., s. 145.
32　G. Missalowa, op. cit., s. 35.
33　F. Gross, op. cit., pp. 246-247.
34　A. Żarnowska, op. cit., s. 145.
35　W. Puś, op. cit., s. 14.
36　J. Śmiałowski, *Zarobkowanie pozarolnicze ludnosci rolniczej w Królestwie Polskim w latach przeduwłaszczeniowych* (*1815-1864*) (maszynopis), Łódź, 1973, s. 48-52.
37　W. Puś, op. cit., s. 13.
38　G. Missalowa, op. cit., s. 40-41.
39　G. Missalowa, op. cit., s. 34.
40　A. Żarnowska, op. cit., s.146-147.
41　A. Żarnowska, op. cit., s.148-149.
42　G. Missalowa, op. cit., s. 15.
43　J. Śmiałowski, Uwarunkowania i następstwa przemysłowego rozwoju Łódzi, w *Pamiętnik XIV powszechnego zjazdu historyków polskich*, Łódź, 1989, s. 50.
44　W. Puś, op. cit., s. 16.
45　G. Missalowa, op. cit., s. 41, Puś, op.cit., s. 43.
46　G. Missalowa, op. cit., s. 39.
47　G. Missalowa, op. cit., s. 40.

48 G. Missalowa, op. cit., s. 40.
49 J. Śmiałowski, Płace i zarobki pozarolnicze chłopów w Królestwie Polskim (1831-1864), "*Przegląd Historyczny*," Tom LXIV, 1973, s. 306-307.
50 G. Missalowa, op. cit., s. 53-54.
51 W. Puś, op. cit., s. 14-15.
52 W. Puś, op. cit., s. 91.
53 M. Sikorska-Kowalska, Emancypacja społeczna i zawodowa robotnic łódzkich przełomu XIX i XX w., w W. Puś red., *Studia z historii społeczno-gospodarczej XIX i XX wieku*, Tom I, Łódź, 2003, s. 91.
54 W. Jaskołowska, op. cit., s. 47-48.
55 なおウッジの繊維工業の労働者形成に関して、ウッジの歴史分析ではつねに問題となるポーランド人、ユダヤ人、ドイツ系の人々という民族構成がはらむ問題は、ここでは農村出自のポーランド人労働者に注目したためにあえて捨象されている。
56 G. Missalowa, op. cit., s. 42.
57 J. Śmiałowski, Uwarunkowania i następstwa przemysłowego rozwoju Łódzi, w *Pamiętnik XIV powszechnego zjazdu historyków polskich*, Łódź, 1989, s. 47.

第Ⅲ部

ウッジ近代社会の形成と企業家

第8章

ウッジのインフラ整備と企業家

はじめに

　一般に、一国の工業化と社会の近代化は並行して進む。ただその国、社会の特性によって、そのプロセスは独特の性格をもつことになる。本章では、19世紀のポーランド社会の近代化に、その工業化の担い手がどのような役割を果たしたのかについて考えてみよう。特に注目するのは、19世紀ポーランド工業化の中核をなすウッジの繊維工業のドイツ人企業家が、ポーランド第2の都市に急成長するウッジが近代化していく中で行った社会的な活動である。前章までで見てきたように、ウッジのドイツ人企業家たちはウッジに定着して事業を展開し、個人の生活を確立すると同時に、ポーランド近代経済社会の担い手となった。さらにドイツ人企業家だけではなく、ウッジを作り上げたポーランド人、ドイツ人、ユダヤ人がそれぞれ、ウッジにこそビジネスチャンスがあるという共通の前提条件をもち、ウッジを第二の故郷として、自分たちをポーランド人、ドイツ人、ユダヤ人という以上に「ウッジ人」と表現するような市民として、ウッジの、ひいては19世紀ポーランドの近代社会形成のうえで大きな役割を果たしたのであった。

　人口増加の中心をなす労働者たちは、工業都市という新しい世界の重要な構成要素となったとはいえ、19世紀ポーランドの保守的な農村からようやく解放されたばかりの彼らに、都市近代化をリードするだけの力はま

だなかった。近代社会のリーダー役は、「約束の土地」ウッジで次第に経済力を蓄えつつあった企業家にゆだねられたのである。とりわけ、19世紀を通して急激に巨大都市に成長したウッジ市で、正常な企業経営の中で累積的に資本蓄積を行うようになり、ウッジの社会的インフラ形成や文化的なメセナ活動にも積極的に関与するようになった第2世代以降の企業家は、どのようにこの都市の近代化にかかわったのであろうか。

先にも述べたように、ポーランドはいうまでもなく19世紀の西欧先進工業地域の周辺に位置するボーダーランドであって、他の周辺国と同様の後発的な性格をもっている。したがってその企業家活動を考察するときに、先進国の整えられた環境の中で経営活動を行う企業とはまた異なった後発国特有の企業と企業家という問題を明らかにしていくことが必要となる。ところがポーランドの場合さらに特殊なのは、工業化の後発性を補うべき政府による強力な政策的バックアップは、とりわけ支配国ロシアに対する反乱を試みて挫折した1830年以降分割支配下のポーランドでは望み得ないばかりでなく、彼らウッジ市の企業家は、必ずしも好意的ではないロシア政府のもとその企業を立ち上げ発展させていかなければならなかった。そこからたとえば企業活動に不可欠なインフラ整備にしても、彼らには特別な課題が課せられていたのである。この二重の意味で特殊な後発国における企業家活動という視点から19世紀末のウッジにおけるインフラ整備と企業家の関係を見ていこう。

1 19世紀後半におけるウッジ市内の交通事情

ポーランド王国の交通インフラ整備において最も重要なものは、1845年に建設が始まり、1848年に開通した鉄道、ワルシャワ―ウィーン線であった。この鉄道はロシア領のポーランド王国にあっては唯一の鉄道であり、繊維工業の原料の搬入や製品の輸送において重要な役割を果たすはずのものであった。ところが不思議なことに、ウッジ市はウィーンとワルシャワを結ぶ経路の途中に存在しているのに、この鉄道はわざとウッジ市

を通過しないように建設されている。実はここに、当時のロシア政府にとってのウッジ市の存在の意味がはっきりと現れている。著しい発展を遂げつつあるウッジ市の繊維工業は、ロシア本国における同じく新興のモスクワ繊維工業の強力なライバルだったのである。事実、1860年代以降ポーランド王国の輸出額のうちロシア市場向けの占める割合が上昇して40％を超えるようになり、1890年代以降はさらに80％から90％近くに達した。なかでもウッジ市の織物の80％はロシア市場向けに販売されていた。ウッジ市との厳しい競争に音をあげたモスクワの企業家たちは、ロシア政府にウッジ市の繊維工業の発展を阻止するように求めるようになり、その強力な要請を受けて、ロシア政府の政策はウッジ市にとっては敵対的なものになりがちであった。鉄道建設の経緯はその一例だったのである。

いずれにせよ、ウッジ市の住民が鉄道を利用しようとすれば、26kmも距離のあるウッジ市東南東の最寄り駅ロキチヌィ Rokiciny まで行かねばならなかった。やがて同駅とウッジ市を結ぶ私営の乗合馬車が運行されるようになり、毎日10便が120人の乗客を運んだ。ウッジ市の北の方向のウェンチツァ方面にも日に3便の乗合馬車が運行された。これらの乗合馬車のウッジ市内の停留所は、いずれもピォトゥルコフスカ通り ulica Piotrkowska に設けられていた。

ピォトゥルコフスカ通りはウッジ市を南北にまっすぐ貫く、当時でおよそ4.4kmの長さをもつメインストリートで、1820年代に工業区（特に1824年からのウトゥカ地区）が建設される際に、この南北に長い通りに沿ってその両側に綿や麻の織物工・紡績工の住宅区がそれぞれ115区画ずつ設定されたために、ウッジ市そのものが通りに沿って細長くできあがることになって、市の交通にとってほとんど唯一と言ってもよい大動脈となっていた。

住宅や作業場がピォトゥルコフスカ通りに面して並ぶために、市の発展につれて通りの南北の交通量はしだいに過密なものになっていった。当初の交通手段は、自分の大型四輪馬車や乗用馬車をもつ裕福な工場主などを別にすれば、一般には広場や通りで雇われる荷馬車・馬車で、さまざまな荷物や乗客を結構高い値段で運んだ。一方、ウッジ市と他の都市との交通

は2頭立ての荷馬車か乗用馬車によって担われていた。ピォトゥルコフスカ通りには1845年には18人の馬車御者が営業していたが、その多くは荷物を主に取り扱うユダヤ人であり、一部は乗客を主に取り扱うドイツ人であった。[5] 市当局はこの個人営業の馬車以外に、ワルシャワ市に倣って辻馬車の運行を計画し、1840年にユリアン・チャイコフスキ Julian Czajkowski という人物に4台の辻馬車による市内4カ所の停留所を回る定時運行を許可した。[6] これらのほかに、私営の馬車と競争関係にある郵便馬車が、1830年代から週に4回乗客を、週に2回荷物を、そして毎日7時30分に郵便物と乗客や小包を運ぶためにロキチヌィ駅との間を巡回していた。[7]

このようなわけで、都市の唯一の大動脈であるピォトゥルコフスカ通りは、各種の馬車による食糧、工業原料、製品、燃料の木材、後には石炭などの過重な運搬量のためにつねにひどく傷むことになった。[8] おまけに1847年から1852年にかけてロキチヌィ駅とウッジ市を結ぶ砕石舗装道路が建設されると、市の道路維持改修事業の多くはそちらに向けられることになり、ピォトゥルコフスカ通りの道路状況は劣悪なまま据え置かれることになった。[9]

1865年から翌年にかけてウッジ市の企業家たち自身によって、ワルシャワ―ウィーン線のロキチヌィ駅の北のコルシュキ Koluszki 駅から真西のウッジ市へ鉄道が敷かれると、ウッジ市は直接ワルシャワ―ウィーン線とつながることになりロキチヌィ駅との行き来の必要性は解消されたが、この新しい引き込み線の市内の駅が3つの候補地の中から最も都心部、すなわちピォトゥルコフスカ通りに最も近いウッジ・ファブリチュナ Łódź Fabryczna 駅に決定されると、[10] ピォトゥルコフスカ通りの交通量はまたもや増加することになったのである。

1869年にピォトゥルコフスカ通りの歩道は、自然石を敷き詰めたものからアスファルトに変えられたが、それが夏の暑さに弱いとわかると、1890年に一部は石のプレート敷きに敷き直された。[11] より深刻な問題は車道の方で、当初の自然石の砕石舗装道は、2年も手入れしなければぬかるみのために50cmもの穴が空き、馬車は片側通行を余儀なくされる有様であった。[12] これは後の話であるが、ウッジ市の人口が60万1000人を数えた

1929 年、5,875ha の面積をもつ同市には 331km の道路があり、そのうち 116km は舗装されておらず、206km は自然石舗装、6.1km は花崗岩・玄武岩舗装、1.3km は木造ブロック敷き、1.4km はアスファルト舗装であったという[13]。馬車の交通量が増えれば、道路が傷むと同時に、騒音やほこりの問題が発生するのは当然であった。

　1880 年代、1890 年代ともなると、ピォトゥルコフスカ通りの馬車による交通量はさらに増大して、ファブリチュナ駅から市内に運び込まれる石炭の量は 1 日に貨車 240 台分に達し、その他の運搬物も日に貨車 110 台分にも上った。市内にだけではなく、ピォトゥルコフスカ通りを通って大量の石炭が郊外のズギェシ、パビャニツェ、オゾルクフの各市や農村にも運ばれた。機械、ボイラー、レンガなど重量の貨物輸送には、馬 12 頭、ときには 26 頭立ての馬車が使用された。また市内には 675 台の辻馬車と、およそ 2,000 台の馬車が日々行き交っていたのであり[14]、ピォトゥルコフスカ通りを 1 日 2 万回馬車が往来し、18 万プード（3,000t 弱）の荷物が搬送されて、石の舗装道路の改修のために毎年 8,000 ルーブル以上の費用がかかったといわれている[15]。そのために、工場や倉庫への貨物については、ピォトゥルコフスカ通り以外の通りを通るように規制が行われるほどであった[16]。

　通りの敷石舗装が夥しい数の馬車の車輪の通行に耐えないのであれば、何らかの対策が考えられなければならなかった。そこでまず 1880 年代半ばに、レールを敷いて馬車を走らせる軌道馬車が構想され、1886 年には経営の入札も行われたがうまくいかず、1892 年以降もさまざまな提案がもたらされたあげくに、翌 1893 年にこの軌道馬車の構想は放棄されるに至った[17]。代わって電力による市電の開設が計画されはじめ、結局 1897 年 2 月 13 日[18]に、ウッジの企業家グループ（ユリウシュ・クニツェル Juliusz Knitzer、ゼノン・アンシュタット Zenon Anstadt、アルフレド・ビーデルマン Alfred Biedermann、エミール・ガイエル Emil Geyer、ユリウシュ・ハインツェル Juliusz Heinzel、ヘンルィク・グローマン Henryk Grohman）のつくる事業団と市当局の間で、市電の開設の契約が取り結ばれた。

　その内容や市電開設の経過を見る前に、この市電建設の事業団の中心人

物ユリウシュ・クニツェルという実業家について見ておこう。実は彼こそが当時のウッジ繊維企業家の代表としてウッジ市の交通インフラ整備のみならず、さまざまな分野での社会活動をリードした人物だったのである。

2　繊維企業家 ユリウシュ・クニツェル

　ユリウシュ・クニツェル Juliusz Kunitzer は、1880、1890年代に活動したウッジ企業家の代表であると同時に、前述のウッジ企業家の第2世代を代表する企業家でもあった。彼は1843年10月19日、ウッジから85km南のプシェドボシ Przedborz（もしくはその近郊のポフランカ Pohulanka 村）で生まれた。父はヤクブ Jakub という毛織物工で、1830年代にポーランド王国に移住してきたのち、ジョン・コカリル John Cockerill 所有のプシェドボシの毛織物工場で1848年まで働いていた。母はヨアンア・ロズィナ・ティツェ Joannna Rozyna Tietze であった。父のヤクブは1840年代の末にカリシ市近郊のオパトゥフ Opatów（ウッジ市の西90km）のフィドレル Fiedler の工場に家族とともに移り、死ぬまでそこで働いた。[19]

　クニツェル（以下ユリウシュのことを指す）は家庭内で教育されたのち、シュミット Schmidt と再婚した母親とともにカリシ市郊外のティニェツ Tyniec 村に移り住み、1850年代末にはその近くのレファン Repphan 兄弟の工場で働き始め、その工場で織工の仕事を覚えた。1863年のプロテスタントの教会名簿に「貧しい職人」と記載されており、教会の支払いを免除されている。[20]

　1860年代半ばにウッジ市に移り住み、エドヴァルト・ヘンチェル Edward Hentschel の綿工場で織物工として働くが、その優れた能力のため織布の部署で短期間に昇進している。繊維生産の新しい傾向に関心をもって独学で研究し、また組織管理についても優れた能力を示して、企業幹部から一目を置かれつつ拡大するヘンチェルの企業で管理者の一員に出世していった。そこで同社でも重要な地位を占めていたルドゥヴィク・マイエル Ludwik Meyer と懇意となり、1869年、その妹アグニェシカ・ミーナ・マイ

エル Agnieszka Mina Meyer と結婚した。[21]

1860年代半ばにヘンチェルの企業はワルシャワに取引店を開設し、クニツェルはそこに派遣されて実地の経験を積むとともに、やがてその支配人となった。ワルシャワではまた経済界に広く交友関係を広げ、エヴァンス Evans 兄弟の工場では生産の機械化を学んだことも記録に残されている。おかげで後の1869年、ヘンチェルの企業が蒸気機関と羊毛織機を導入した際、クニツェルはその生産工程の機械化に大きな役割を果たし、同工場の事実上の技術責任者となることができた。やがて発展著しいウッジに戻り、この都市のさまざまな問題に死ぬまでかかわっていくことになった。[22]

1870年に、クニツェルはついに自分自身の企業を設立する。といっても、当初は自分の毛織物織機30台をヘンチェルの織物工場に設置したのである。彼の織機は最新式のもので生産コストをかなり低下することができた。ほかと比較してみると、1労働者当たりの毛織物生産額がヘンチェルは1,435ルーブル、ユリウシュ・ハインツェル Juliusz Heinzel は1,225ルーブルであったのに対して、クニツェルの織機は1,816ルーブルの生産が可能であった。このような形態での彼の企業の1873年の毛織物生産額は11万ルーブルを超え、その収益性の高さは多くの収入をもたらして、それはさらに次の事業に投資することを可能にした。彼の創意工夫と大胆な手法、そして倹約の精神が事業の成功をもたらしたのであった。[23]

1873年から1875年の間にクニツェルは4カ所の土地の所有者になっていたが、さらに1875年にマイエルと共同で、火事にあって建物や設備のかなりの部分が焼失してしまったヘンチェルのピォトゥルコフスカ通りの工場を土地とともに低価格でしかも数年間の分割払いという好条件で購入し、そこに「クニツェル・マイエル商会」Dom handlowy "Kunitzer i Meyer" を設立した。マイエルがこの商会の管理を担当し、同時に原材料購入や製品販売に責任をもつ一方、クニツェルはもっぱら生産の監督にあたった。彼らは機械と設備の購入や生産のためにかなりの資金をつぎ込み、薄手の毛織物生産に集中して、1870年代後半にはこの分野で大手の企業の1つとなっていた。当時の好景気のおかげで利益は莫大であり、彼

らは、とりわけマイエルは、今やウッジ市でも最も裕福な市民の1人となっていた。クニツェル夫妻はすべての地所を売り払い、その資金をピョトゥルコフスカ通りの羊毛工場に注ぎ込んだ[24]。

1870年代のウッジ市における工場経営の環境に注目してみると、低関税のおかげで西欧からの機械導入は有利であったが、一方で生産拡大のための工場用地と、特に活発化していた綿工業に不可欠な豊富な水をもつ新たな土地が必要となっていた。しかしウッジ市内の土地不足のために、その工場用地は市の郊外に求めるほかなかった。そこでウッジ市の東に広がるヴィゼフ Widzew 村がもっぱら土地購入の対象となり、19世紀末にはその西側部分は工業と労働者にとってまさにウッジ市の玄関先ともいうべき地域になっていた。そこに1878年にマイエルが土地を獲得し、やがてここでの企業活動を断念したために、1879年、41モルゲンのその土地をクニツェルが1万5000ルーブルで買い取った。このヴィゼフの土地購入にあたって、クニツェルはピョトゥルコフスカ通りの羊毛工場から完全に撤退し、そちらの方をマイエルが買い取っている。この結果的な土地交換によって、クニツェルは綿工業の分野で自分の企業経営を拡大していく準備が整ったのであった[25]。

クニツェルはヴィゼフに綿工場を建設するにあたって、1879年の11月に、すでに繊維企業家として高名であったユリウシュ・ハインツェルに共同経営の話をもちかけ、その同意によって企業をハインツェル・クニツェル会社 "Heinzel i Kunitzer" とすることでウッジ商業銀行 Bank Handlowy w Łódzi から多額の貸し付けを得ることに成功し、その大部分をイギリスでの繊維機械購入に充てた。すぐに紡績工場、織布工場、ガス燃料室、染色場・漂白場、レンガの建物2棟、木造の建物4棟その他が完成し、その紡錘数は1万5000錘、織機は500台であった。工場資産は当時で30万ルーブルと見積もられている。同工場は1880年の初めには綿製品の生産を開始した[26]。

1880年6月10日には45万ルーブルの資本をもつ「ハインツェル・クニツェル商会」dom handlowy "Heinzel i Kunitzer" が設立され、ハインツェルが商業部門とウッジ市の倉庫管理に責任をもち、クニツェルはもっぱら

ヴィゼフの工場管理に専念することになった。クニツェルは 1880 年代、1890 年代を通してさらに土地を購入し、19 世紀末にはその土地面積は 380 モルゲンにも達していた。それは必要な資金を獲得するための資産ともなったが、同時に多くの労働者住宅を建設するためにも利用された。その一角の木造の小邸宅にクニツェル夫妻は 1890 年代初めまで住んでいた。[27] 1891 年には 1,500 台の織機を装備した織布工場が完成し、翌 1892 年には 5 万 7800 錘の紡績工場が建設され、仕上げ場や漂白場も拡張された。1898 年になると、染色場を兼ねた捺染場が完成し、織物工場の織機は 3,000 台に増強された。彼は最新式の機械設備を導入することにつとめ、工場の拡大はつねに生産コストの削減が実現するように体系だってなされている。また工場排水による川の汚染が問題になると、1890 年代末に大規模な公的廃水処理施設の建設にもイニシアティブを発揮した。[28]

　クニツェルの工場の雇用労働者数も、1883 年に 1,020 人、1887 年 1,096 人、1900 年 2,434 人、1901 年 3,000 人と次第に増加し、彼らのための労働者住宅も 1896 年にはさまざまな大きさの木造家屋が 57 棟、レンガ造り建物が 8 棟あり、1900 年までにさらに 101 棟の木造家屋が建てられた。1884 年には労働者の子どもたちのための学校が企業によって設立され、1892 年にはベッド数 50 の病院も設立されて、いずれも企業によって維持された。また企業内には、労働者が病気になった場合に日当の半分を支給する病気基金と、罰金を積み立てた互助基金があって家族の葬儀や薬代がそこから支払われた。これら基金の管理は、労働者が作る委員会が行った。工場では労働者に保険がかけられていて、傷害があったり死亡した場合には家族に手当が支払われた。1895 年に労働者のための食料品店が企業によって開設され、工場のそばには 300 人の子どもを収容する保育所もあったし、2,000 人収容の劇場まで作られていた。さらにクニツェルはほとんどがポーランド人である労働者のためにカトリック教会を建設しようと 3 モルゲンの土地を用意していたが、世紀末の資金難でこの計画は実行されなかった。[29]

　クニツェルたちの企業は、1889 年に株式会社組織の「ハインツェル・クニツェル綿業株式会社」Spółka Akcyjna Wyrobów Bawełnianych Heinzel i Kunitzer となったが、クニツェル夫妻が 48％、ハインツェル一家が 49.6％の株式を所有していた。同社が運転資金不足の傾向にあったため、1900 年に株式を追加発行した結果、クニツェル夫妻の持ち分は 36.2％に減少した。クニツェルは 1897 年にロシア市場を直接ねらった「ウッジ細糸製造株式会社」Towarzystwo Akcyjne Łódzkiej Manufaktury Niciarnianej を設立しているが、これはコスト引き下げに成功せず、資金不足もあって結局うまくいかなかった。

3　クニツェルの社会事業

　次にクニツェルの社会的活動に注目すると、彼は 1880 年代半ばからさまざまな社会活動を始めており、そこでもリーダー、さまざまなコンフリクトの調停者としての能力を発揮して、1880 年代の末には、シャイプラーやガイエル、ユリウシュ・ハインツェル亡き後のウッジ市の企業家グループのトップに立っていた。ロシアに派遣される市や県の使節団の一員として、皇帝アレクサンデル 3 世に拝謁したり（1890 年）、次のミコワイ 2 世の戴冠式に列席したりという重要な役割を果たしていることがその証拠でもある。さらに、1869 年からポーランド社会全体のロシア化の動きの中で、ウッジ市の自治は機能を停止することになったが、その中で 4 人（のち 6 人）の参事会員からなる名誉職的な市参事会が市当局に対する諮問や意見具申の機能を果たすことになった。1905 年の革命以前は、その地位に大企業家が就く習わしであったが、1895 年 8 月の選挙で、ハインツェルの跡を最大の支持を得たクニツェルが嗣いでいる。この参事会は、ウッジ市の発展にかかわる最も重要な問題に取り組んだのであり、ロシアが支配する行政当局からウッジ市民と繊維工業の利益を守った。行政区の改編や行政組織の変革などへの取り組みの中で、彼は重要な役割を果たしている。

　1880 年代の初めにウッジ市にロシア商工支援協会ウッジ支部 Łódzki Oddział Towarzystwa Popierania Rosyjskiego Przemysłu i Handlu が設立されたが、この組織はウッジ市および県の自治機関の代理の役割も果たし

ていて、交通の発達や鉄道関税など地方の商工業にとって必要なことすべてに関与した。クニツェルはその中に紡績・織物課を作ったほか、1886年からは副会長を、1889年からは会長の職を務めた。また彼は、金融機関であるウッジ信用協会 Towarzystwo Kredytowe m. Łódzi の発展にも大きな役割を果たしており、1980年代末から1900年までその支配人の1人の職にあった。さらに1895年に設置された商工委員会 Komitet Handlu i Przemysłu では、1896年3月から会長に就任した。彼がこのようにさまざまな組織の指導者の役割を果たしたのは、モスクワの商工業代表者からの攻撃に対して、ウッジ商工業の利害を守ることを期待されていたからである。期待どおり彼はエネルギッシュなメンバーとして、ペテルスブルグの政治・経済的指導者とのつながりや影響力を利用して、ウッジの利害に対してロシア政府の敵対的な政策に対抗した。[34]

クニツェルがウッジ市における市電の開設をめぐって、この都市インフラ整備への貢献を果たしていくのも、以上のような文脈の延長線上でのことであった。先にも述べたようなウッジ市の交通事情から、1880年代半ば以降、ウッジ市では市電の開設が緊急の課題となっていた。そんな中、1893年の9月に市電のプロジェクトを考えるための1つの会社がウッジ市の商工業者の代表たちによって設立された。彼らのイニシアティブによって市電の開設は日の目を見ていくのであるが、それに先だって1895年5月1日にクニツェルはある嘆願書を県知事宛に提出している。その中で彼はウッジ市の将来についての心配を述べ、市の将来のためにもこの市電開設にウッジ市民が関与し、外国資本を排除することの必要性を訴えている。彼は1895年5月15日に市参事会の市電建設プロジェクトの代表となり、同年5月27日にロシア商工支援協会ウッジ支部に事業団が結成されると5月31日にクニツェルにプロジェクト実行の全権が与えられている。事業団の資金の60％は企業家たちが提出し、残り40％は市民の中から募集されることになっていた。[35]

クニツェルを代表とするウッジ市企業家たちの市電開設に向けての活動は、実は外部からのライバルの出現を1つのきっかけとしていた。1896年5月に技師キシランスキ W. Kiślanski とペテルスブルグの企業「ジーメン

ス・ハルスケ」"Siemens i Halske" が県に市電開設の申請を行うとの予告がなされ、一方でそれに対抗するようにワルシャワのブロック Bloch のグループから、ブランデンブルグのフォルスト Forst を手本として工場への物資輸送を中心とする蒸気力利用の市電開設の申請書が出された。クニツェルたちの提案は、市の援助なしに自分たちの資力で建設するというものであり、乗客を輸送することを中心にしたプランであった。最後の点が特に支持され、1896年10月14日の閣僚会議の決定を受けて、1897年2月13日にクニツェルたちの事業団とウッジ市の市電開設の契約が結ばれた。[36]

　事業団のメンバーは、先にも述べたようにクニツェルのほか、Z. アンシュタット、A. ビーデルマン、E. ガイエル、J. ハインツェル、H. グローマンらのウッジの企業家グループである。契約の中身は、市電の開設と35年間の独占的使用権を許可する。ピョトゥルコフスカ通りを中心に4路線9kmが建設され、それらの路線ではそれ以後乗合馬車の運行は禁止される。また市電の従業員は、ポーランド語とロシア語を話せるキリスト教徒に限られる。事業団は年間利益の5％を市に支払い、もしその利益が6％を超えたら、超過分の25％を追加支払いする。20年後に市はすべての資産を買い取る権利を有し、さらに35年後には、市電のすべての資産は無償で市に提供される、というものであった。[37]なお契約締結時には、市電の動力についてはのちに定めるとしていただけであったが、1897年2月28日（つまり16日）に、事業団のクニツェルから動力は電力とすることが報告されている。[38]

　契約はただちに実行され、同年のうちに2kmの路線が建設された。[39]設計と建設の監督は、ユゼフ・ヴィトコフスキ Józef Witkowski の指揮する Allgemeine Elektrische Gesellschaft（AEG）が当座の事務所をウッジに開設して担当した。ヴィトコフスキはのちにこの市電会社 KEL の社長になっている。建設はウッジ市内の建設会社フェレンバッハ・ネストゥレル Ferrenbach Nestler が担当した。車輌もまた AEG 社製で、ケルン工場製の VNB-125 モーターを搭載した Herbrand 型動力車30台と、ペテルスブルグ製の連結車輌30台が投入された。車輌の費用は計58万8000マルクであり、市電建設総費用173万マルクの約34％にあたっていた。[40]実際の運行

は、翌1898年の12月に開始されている[41]。事業団は資金をウッジ電気鉄道組合 Konsorcjum Kolei Elektrycznej Łódzkiej に集め、これがウッジ市電会社の最初の名前となった。1900年に事業団は（名目上の株式会社）市内鉄道株式会社 Towarzystwo Łódzkich Dróg Żelaznych Miejskich に変更され、10路線を有していた1901年にはウッジ電気鉄道株式会社 Towarzystwo Kolei Elektrycznej Łódzkiej（KEL）に変わった。200万ルーブルの株式の半分は11人の事業団が所有し、残りの半分はウッジ市民が購入した。同社は1948年まで続いている[42]。

上記のほかにクニツェルは、ウッジ赤十字委員会 Łódzki Komitet Twarzystwa Czerwonego Krzyża の委員でもあったし、ウッジ・キリスト教慈善協会 Łódzkie Chrzscijanskie Towarzystwa Dobroczynności のような組織の会長も務めていた。同慈善協会には妻とともに惜しみなく援助を与え、彼自身は1884年からは老人・身障者ホームの会長も務めていた。そうした活動を通して彼やハインツェルの周辺に集まる人々は、ポーランド人グループの諸活動を援助し、社会施設や慈善活動をドイツ系の人間が支配し続けることに反対した[43]。

ウッジの実業家社会では、さまざまな組織形成に際して、3分の2のポジションをキリスト教徒（ポーランド人とドイツ人のことであるが、実業家社会ではもっぱらドイツ人）が、残り3分の1をユダヤ人が占めるのがほぼ慣行となっていた。しかし、1887年以降ポーランド王国でユダヤ系の実業家が鉄道等で主要な役割を果たしたり重要な地位につくことが制限された。市電開設の事業団にしても、イズラエル・ポズナンスキ Izrael Poznański、マルクス・ジルベルシュタイン Markus Silberstein、スタニスワフ・ヤロチンスキ Stanisław Jarociński、サロモン・バルチンスキ Salomon Barciński といったユダヤ人実業家はロシア当局からの圧力によって契約から外されていた。クニツェルによってこの問題は解決を見、彼らは市電の運行が開始されてから2日後、市との契約書にサインした。しかし、ポズナンスキのみはそれを拒否したのであった[44]。

4 被支配国ポーランドにおける「ウッジ人」企業家

　以上のようなユリウシュ・クニツェルの企業家としての活動を、最初に設定した視点でもう一度見直してみよう。まず、彼は明らかにその父親や、あるいはガイエルやグローマンといった第1世代に属する企業家たちとは違って、繊維機械等の技術に関する知識や、工場管理能力によって立身出世を遂げており、その資本の蓄積も、もっぱら企業経営による利益の累積的な蓄積によっている。またウッジ市の社会的課題の解決にも企業家の代表として積極的に取り組んでいる。まさに第2世代のウッジ企業家を代表する人物といえる。また、彼の合理的な経営感覚は、イギリスからの最新技術の導入といい、販売市場としてのロシア対策の重視といい、ボーダーランドとしてのウッジのメリットを的確にとらえている。

　次に、ウッジ市の大きな特徴である、ポーランド人、ドイツ人、ユダヤ人という多民族的な構成の中にあって、彼の一連の行動には、民族的なコンフリクトの解消をめざした行為が目立っている。自身は明らかにドイツ人社会の中で育ち、ドイツ人との個人的つながりを利用して企業活動を行ってはいるが、その意識は特にモスクワとウッジとの対抗関係の中で、しばしばウッジ市を故郷とするいわゆる「ウッジ人」としてのものであった。工場で働くポーランド人労働者にも、彼は通常の工場主以上の理解を示しているように思われる。

　そのような意識に基づいて彼は、インフラ整備の遅れた後発的な工業都市ウッジの近代化に貢献したのであった。急速に発展するウッジ市は、とりわけその社会的な環境整備が必要であったにもかかわらず、ロシア化された市や県当局のそのような問題に対する関心は低く、たとえば市電のような市内の交通インフラの整備1つをとっても、クニツェルたち企業家が組織するさまざまな組織が行政当局の働きを補なわなければならなかったのである。

　さらにいえば、クニツェルをはじめとするウッジ市の繊維企業家たちは、その企業活動の成功を快く思わない政治権力の支配のもとで企業を経

営していた。先にポーランド王国で最初の鉄道であるワルシャワ―ウィーン線の路線決定に関して触れたように、ロシア政府がウッジ市の企業家たちの活動に好意的ではなかったという事実はさまざまなところに現れていた。たとえば、ウッジ市の繊維工業の工場用地の獲得に関しては、1864年のロシア皇帝による農奴解放令が農民所有地は農民にのみ販売可能としていたために、土地を購入したい企業家たちはいずれも農民出身であると偽って農民から土地を購入しなければならないなど、工業活動には不利な状況が生まれていた。クニツェルが購入したヴィゼフの土地も、それがハインツェル・クニツェル企業の土地であると正式に認められ不動産登記されたのは、購入から8年後の1887年であった[45]。また、1879年11月にはほとんどの施設ができあがっていたにもかかわらず、クニツェルがその綿工場の建築許可を得るために行政当局に不完全な建築計画書を提出したのはようやく同1879年の末になってからであった[46]のは、ウッジ市の企業家たちが工場設立にあたって行政当局に何らの援助も期待していなかったという事実を示しているのであろう。

　以上のすべてに19世紀後半のウッジ繊維工業とそれを担う企業家たちの特別な性格が現れているのであり、クニツェルはその意味でこの時代の典型的なウッジ企業家ということができよう。最後にわれわれは、彼の死について触れなければならない。企業家の代表として、多様な問題についてさまざまなレベルで労働者と交渉する立場にあったクニツェルは、すでに触れたように一工場主としては労働者に理解が深かったにもかかわらず、経済状況の悪化と、ロシアからの革命的な政治状況の影響の中で、労働者の中でも先鋭的なグループからは最大の攻撃の目標とされていた[47]。1905年9月30日、クニツェルはヴィゼフからウッジ市内に市電で帰宅途中、乗り込んできた2人の労働者のうちの1人にピストルで数発撃たれ、20分後に死亡した[48]。市電開設に尽力した企業家としては、そして労働者に一定の理解を示す立場から代表として長い交渉を重ねてきた企業家としては、何とも皮肉な、そして悲劇的な死であった。

〈注〉

1 藤井和夫『ポーランド近代経済史——ポーランド王国における繊維工業の発展 (1815-1914年)』日本評論社、1989年、135-136頁。
2 A. Rynkowska, *Ulica Piotrkowska*, Łódź, 1970, s. 65.
3 A. Rynkowska, op. cit., s. 7.
4 A. Rynkowska, op. cit., s. 63.
5 A. Rynkowska, op. cit., s. 64-65.
6 A. Rynkowska, op. cit., s. 63.
7 A. Rynkowska, op. cit., s. 65-66.
8 A. Rynkowska, op. cit., s. 110-111.
9 A. Rynkowska, op. cit., s. 103.
10 A. Rynkowska, op. cit., s. 104.
11 A. Rynkowska, op. cit., s. 110-111.
12 A. Rynkowska, op. cit., s. 111.
13 M. Z. Wojalski, *100 lat łódzkich tramwajów*, Łódź, 1998, s. 8.
14 A. Rynkowska, op. cit., s. 144-145.
15 A. Rynkowska, op. cit., s. 144.
16 A. Rynkowska, op. cit., s. 145.
17 A. Rynkowska, op. cit., s. 143-144.
18 ロシアのユリウス暦。実際は2月1日。M. Z. Wojalski, op. cit., s. 10.
19 K. Badziak, *Geneza i rozwój łódzkiego węzła komunikacyjnego (do 1914 r)*, "Rocznik Łódzki," XXI, Łódź, 1976, s.193-194.
20 K. Badziak, op. cit., s. 194.
21 K. Badziak, op. cit., s. 194-195.
22 K. Badziak, op. cit., s. 195.
23 K. Badziak, op. cit., s. 195-196.
24 K. Badziak, op. cit., s. 196.
25 K. Badziak, op. cit., s. 196-198.
26 K. Badziak, op. cit., s. 198.
27 K. Badziak, op. cit., s. 199-200.
28 K. Badziak, op. cit., s. 199-201.
29 K. Badziak, op. cit., s. 201-202.
30 K. Radziszewska red., *Niemieckimi śladami po "Ziemi Obiecanej,"* Łódź, 1997, s. 35.
31 K. Badziak, op. cit., s. 202-203.
32 K. Badziak, op. cit., s. 204.
33 K. Badziak, op. cit., s. 205.
34 K. Badziak, op. cit., s. 205-206.
35 K. Badziak, op. cit., s. 214-215.

36 K. Badziak, op. cit., s. 215. ちなみにポーランドにおける市電の開設は、当時プロイセン領であったヴロツワフが一番早く1893年、オーストリア領のクラクフが1901年、ロシア領のワルシャワが1908年のことであった。*Encyklopedia Historii Gospodarczej Polski*, Warszawa, 1981, t. II, s. 415.
37 A. Rynkowska, op. cit., s. 145-146, K. Badziak, op. cit., s. 215, M. Z. Wojalski, op. cit., s. 10-11.
38 M. Z. Wojalski, op. cit., s. 10.
39 M. Z. Wojalski, op. cit., s. 11.
40 M. Z. Wojalski, op. cit., s. 11-12.
41 A. Rynkowska, op. cit., s. 146.
42 K. Badziak, op. cit., s. 216, M. Z. Wojalski, op. cit., s. 12.
43 K. Badziak, op. cit., s. 206.
44 K. Badziak, op. cit., s. 204-205, 215-216.
45 K. Badziak, op. cit., s. 197-199.
46 K. Badziak, op. cit., s. 198.
47 K. Badziak, op. cit., s. 208-209.
48 K. Badziak, op. cit., s. 223.

第9章

ウッジ近代社会の形成と企業家

はじめに

　西欧諸国は、工業化のプロセスと並行して、その要因ともなり結果ともなりながら、同じ時期に社会の近代化を推し進めていく。国民国家としての諸制度の確立、政治や行政機構の民主化、都市化の進展と都市生活の近代化、社会階層・職業の流動化、福祉制度や教育の近代化等、社会全体の近代化が19世紀を通して進んでいった。では、分割支配下にあって国民国家としての求心力の強化や政治・行政組織の近代化は望めなかったポーランドの場合は、このような社会の近代化はどのように進んだのであろうか。前章で、典型的なウッジ繊維企業家の第2世代であるユリウシュ・クニツェルを中心とする市のインフラ整備の状況をみた。ポーランドのほかの国にはみられないユニークな条件の中での工業化は、19世紀のポーランド経済に単にその後発性だけでは説明のつかない独特の性格を与えることになったが、社会全体の近代化にも、亡国下の工業化にともなう特殊性は特別な要素を加えていたのである。本章では、その問題について、さらに広い範囲でポーランド社会の近代化に企業家が果たした役割を検討する。

　何度も繰り返すが、ウッジ市の発展はドイツ人とユダヤ人とポーランド人をともどもに主要な人的構成要素としながら進んだものであり、総人口が短期間のうちに急速に増加したこと、相対的にポーランド人の数が少なく、19世紀末におけるウッジ市の人口のうち半分以上がポーランド人以

外で、ポーランドのほかの都市同様に19世紀末にユダヤ人の数が市の人口の30％近くを占めるようになり、ドイツ人の数がポーランドのほかの地域に比べて非常に多いということがウッジ市の人口の大きな特色となっていた。19世紀半ばまでドイツ人が半数かそれ以上住んでおり、同世紀末に至ってようやくポーランド人の市人口に占める割合が増えている。ウッジ市が「例を見ないほどダイナミックな町で、その住人の多民族性が大きな特徴であり、……ユダヤ人がたちまちドイツ化し、一方ドイツ人がポーランド化して、ポーランド人よりもカトリック教徒の数が多く、プロテスタントの数よりもドイツ人が少ない[1]」と評される民族間の流動性を考えても、かなりの期間にわたってポーランド人はむしろ少数派で、ウッジ市はまさにドイツ人の町という印象を与える。中心産業の繊維工業の担い手であり、特に大企業のほとんどを占めていたことを考えると、単に市の人口増加の中で大きな割合を占めただけではなく、19世紀のポーランドの工業化の中核をなす繊維工業の発展においてドイツ人企業家はきわめて重要な位置を占めていた。それでは、当時のポーランド社会の近代化に関しては、ドイツ人企業家はどんな役割を果たしたのだろうか。

1　19世紀のポーランド社会とウッジのドイツ人企業家

　19世紀のポーランドは、分割による「亡国」という事実が突きつけた強烈な政治的・経済的危機意識のもとで工業化に取り組むことになった。その成果が政策的に建設されたウッジ市の発展であり、その繊維工業の成長であった。そしてその発展の主たる担い手となったのが、ドイツから移住してきた手工業者たちだったのである。では彼らの持ち込んだどのような要素と資産が、ウッジの経済社会の形成と発展の屋台骨となったのであろうか。

　先に触れたガイエルは、従事する産業分野における熟練に加えて、関連する新しい技術の知識とそれがもつ可能性を見通す能力をもち、勤勉さと急速な資本蓄積を可能にする倹約精神の持ち主であり、かつ事業熱にあふ

れた人物であって、工業の発展をめざすポーランドが求めていた19世紀の資本主義に必要な企業家資質というべきものの多くをもちあわせていた。ポーランドが工業化し、その社会が近代化するためには、このような資質をもった人々がある層をなして出現してくることが不可欠であった。クニツェルの存在は、ウッジの企業家第2世代としてこのような人々が育っていたことを示している。しかしながら一方で、伝統的なポーランド社会は、そのような人々を自らの内部から豊かに生み出すには向いていなかった。

　ハンガリーを中心に近現代の東中欧経済史を専門とするベレンド I. T. Berend は、当時から「ポーランドのマンチェスター」と呼ばれていた繊維工業の中心地ウッジは、ほとんど「ポーランドの」町ではなかったと言い、その理由に先に示したポーランド人が少ないその人口構成を挙げて、さらに続いて次のように書いている。「大多数のポーランド人エリートたちは、昔ながらのポーランド貴族シュラフタの反ビジネス的態度を保持しており、いまだにビジネスはユダヤ人のためのものであってポーランド人のものではないと考え、このウッジの町を憎んでいた。有名なカトリックのジャーナリストであるバルトキェヴィチ Zygmunt Bartkiewicz は、ウッジを異教徒の社会、悪徳の文化が支配する『悪の町』と呼んだ。同じような記述はポーランドのノーベル賞作家ヴワディスワフ・レイモント Władysław Reymont にもみられ、彼の1899年の有名な小説『約束の土地』の中では *Lodzermenschen*（すなわちウッジに居住するドイツ人—筆者）のことを、無慈悲で、堕落した、搾取的な異教徒たちと表現している[2]」。

　たしかに、ポーランド社会の中で、その民族的な伝統を支え、社会生活の倫理的規範と文化的態度に大きな影響力をもち続ける貴族シュラフタ的な気質は、ヨーロッパで近代経済社会を切り開いた合理的で進取の気概に満ちた企業家精神とは、どこか相容れない要素をもっていた。ウッジの企業家集団の中にこれほどまでにポーランド人が少ないのは、彼らが無自覚、無能力だったからでも、彼らに資力が欠けていたからでもなくて、むしろポーランド人の中の企業家となり得る可能性をもつ人々の精神的志向のゆえと考えられるのかもしれない。

しかし、われわれは次のことを忘れてはなるまい。まず注意しなければならないのは、ポーランドに移り住んできた時のドイツ人手工業者の経済状態である。彼らはその祖国においてイギリスやドイツ国内の機械化の進む近代的繊維工場との激しい競争によって生活基盤を奪われつつあった手工業者であって、ポーランドという繊維業の後進地域への移住がその熟練技術の相対的価値を高め、ポーランド王国政府の援助がその財政的危機を救い、ポーランドやロシアの潜在的な市場の存在がみずからの職業の将来展望を可能にするという事情のもとにあった。ところが、ポーランド王国政府からチャンスを与えられ、彼ら自身の決断によって新天地ウッジにやってきたとしても、彼らの新生活のスタートは必ずしも順調というわけにはいかなかった。

ポーランド王国政府にもくろまれた毛織物と続く麻織物のウッジへの定着はすぐにはうまくいかなかった。「ウッジでそのキャリアを開始した工場主たちのすべてが成功を収めたわけではない。特にパイオニアたちについていえば、その役割はつねに最も困難なものであった」。移住してきた人々の生活をかけた、そして当時の県知事レンビェリンスキや市長タンゲルマン Tangermann たちの必死の努力と試行錯誤を経て、ウッジに綿業が定着し始めることによってようやくすべての試みの成果が現れ始める。「結果として綿業がウッジの女王となり、綿業のおかげでウッジは『約束の土地』となった。……（しかし最初の成功者はごく限られており―筆者）他の者は長らく成功を待たねばならなかった。ようやくその子孫たちによって、彼らの父親たちがウッジに移住しようと決心したときに夢見ていたような企業が創設されたのである。彼らははじめは他人の工場で働きながら、やがて未来の工場経営の成功を夢見つつ独立していった。財産を作り上げるには、何年もの彼ら自身の努力と何千もの雇用労働者の労働が必要であった。これらの群れをなす多くの人々のおかげでウッジは日々成長し裕福になっていけたのである」。われわれが前章で見たクニツェルがまさにそうであったし、ウッジの繊維工業の成立と発展は、ドイツ人、ユダヤ人、ポーランド人すべてによるいわば多民族の共同作業の成果であった。先に示した Berend の紹介するウッジのドイツ人企業家評は、近代社

会へのダイナミックな動きの埒外にいる旧守的なポーランド人から見たドイツ人評であって、ウッジには、ドイツ人、ユダヤ人、ポーランド人からなる「ウッジ人」がすでに生まれ、成長しつつあったのである。

　本章はポーランド社会の近代化の中でドイツ人企業家の存在や彼らが行った社会的活動がどのような意味をもったのかを検討することが課題であって、彼らの企業活動そのものを分析しようとするものではないが、ここで彼らの企業家としてのスタートが、短命のポーランド王国政府による(たとえ限定されたものであったとしても)ポーランドの工業化をめざした政策と、ウッジという地域社会の成り立ちと展開とに深く結びついていたこと、さらにその企業家としての成功には、ウッジへの定着と家族数代にわたるウッジでの時の経過が必要であったことを確認しておくことは重要である。ウッジに住むドイツ人企業家の活動のすべては、ポーランド社会の近代化にとって内的要因であって、決して外的要因ではなかった。逆にいうと、ポーランド社会の近代化は、ウッジに住むドイツ人企業家にとっては、みずからが生存する基盤であるわが町の近代化なのであり、そこに「ウッジ人」の欠くべからざるものの1つとしてその社会的活動が存在したのである。

2　ドイツ人企業家による社会的・文化的活動

　経営に成功したルドゥヴィク・ガイエルはウッジ市において著名な人物となり、市民代表のような立場に置かれることになった。そのため、市におけるさまざまな社会事業にかかわることになる。たとえば1840年代にウッジで最初の病院である聖アレクサンデル病院の建設が始まると、その建設資金のかなりの部分を負担して計画を支えるとともに、設立後は病院の設備や運営を担う委員会の長を務めた。馬や馬車に夢中になって競馬レース協会の一員となったのはともかく、文化活動にも関係して、たとえばドイツ歌曲普及協会を組織し、ウッジで最初のコーラス・グループであるウッジ男声合唱団を創設し、1851年には自身の工場労働者の子どもたちのための

学校を設立した。市のインフラ整備に関しては、鉄道のワルシャワ—ウィーン線からウッジ市に引き込み線を建設する計画を提案したが、これはすぐには実現せず、後にシャイプラーたちの協力を得て実現している。[6] 企業家として有能であったガイエルは、ビジネスとは異なった社会活動や文化活動の分野においても、ウッジを代表する企業家としてその社会の発展に大きな役割を担っていたのである。

　1869年のルドゥヴィクの死後、企業は息子たちに引き継がれ（1894年まではグスタフ・アドルフ、その後は弟のエミール）、1850年代半ばからBank Polski等への債務に苦しんでいた企業を立て直すとともに、社会事業への取り組みも彼らに受け継がれていった。特に1870年にヴロツワフの高等技術学校 Wyzsza Szkoła Techniczna を卒業したエミールは、ウッジにおける民間の主要銀行となる商人銀行 Bank Kupiecki の創設を指導し、その監査役会 rada nadzorcza の議長を務めたほか、ガイエル家が財政援助を惜しまなかったウッジの職人学校 Szkoła Rzemiosł の運営委員会長を務め、またウッジにポーランドで最初の市電を走らせた先述の共同運営組織である電気鉄道株式会社 Towarzystwo Kolei Elektrycznej の一員となり、1902年にウッジ郊外に設立された神経科病院や1905年に設立された子どものための病院にも巨額の援助を行った。さらにポーランド演劇協会がウッジに設立されるとその運営委員会の長となり、自分自身や他の企業家のコレクションによって絵画の展覧会を開催した。[7] ガイエルの綿工場は時の経済状況の影響や自身の債務過多によって経営状況が変動しつつも、第2次世界大戦時までウッジの代表的な企業であり続けたが、その経営者および家族の社会的・文化的活動も、ウッジの社会の中でつねに重要な役割を担い続けたのである。

　1910年のエミールの死後企業はその弟エウゲニウシュ、そして1929年からはグスタフ・アドルフの息子、すなわちルドゥヴィクの孫のグスタフ・ヴィルヘルムに引き継がれていくが、その弟のロベルトは第2次世界大戦の始まった1939年12月に、ウッジを占領するナチスのゲシュタポによって自宅で射殺されている。理由は彼が、ドイツ系のウッジ市民に要求された「ドイツ人リスト」への署名を拒んだためといわれ、ウッジに住んで3代目

に至ったガイエル一族がいかにポーランド化していたかを示すエピソードにほかならない[8]。

　以上に見られるようなガイエル一族のウッジにおける社会・文化事業は、ウッジのドイツ人企業家の中で決して例外的な事例ではなかった。企業家たちは工場経営にその能力を発揮して、新しい技術を積極的に導入し、綿工業、後には復活した羊毛工業や麻工業を発展させ、市内に工場を建て、のちに一般的に見られるようになる工場周辺の労働者住宅を建て、病院や学校や教会を建て、道路を改修し、鉄道や市電を建設し、ルドゥヴィク・マイエル Ludwik Meyer のようにガス灯の導入もその私邸と私道から開始した。「彼らは町中の景色に痕跡を残しただけでなく、ウッジ住人のかなりの部分のメンタリティにもその痕跡を残したのであった[9]」。

　ではなぜ多くのドイツ人企業家が社会・文化事業にかかわったのであろうか。すでに述べたように、それは彼ら自身の生活の必要からであったが、そのことをもう一度確認しておこう。彼らが社会事業活動を行った理由の1つは、近代にふさわしい社会環境を整える責任を担うはずの行政当局が、近隣三国による分割支配下にあるポーランドでは、事実上機能していなかったからであった。「工業都市ウッジはあっという間に生まれ、そこですばやく巨大な富を築いた。しかし大富豪の陰には、大衆的規模で貧困が広がっていた。ロシアの行政当局は貧乏人の運命には全く配慮せず、また文化や教育のような事業には全く無関心であった[10]」。ウッジには1861年にロシア皇帝の勅令によって市評議会 Rada Miejska が作られ、市長のフランチシェク・トレゲル Franciszek Traeger が最初の議長を務め、評議会員の中にはルドゥヴィク・ガイエルやルドゥヴィク・グローマン等の工業家やユダヤ人商人ヘルマン・コンシュタットが加わっていて、土地の処理や役人任命権等をもっていたが、すべて上位のロシア統治当局の承認が必要でその活動には限界があった。その市評議会すら1863年の1月蜂起後に構成メンバーを変更され、1869年には市評議会そのものが解散させられている[11]。ウッジの繁栄とポーランド社会の近代化に敵意をもつロシア当局が、西欧諸国に見られたような近代の都市社会が期待する行政を行うことは望み得なかったのである。一方で現実の社会には解決すべき課題が山

ほどあり、「彼ら（ドイツ人工業家たち—筆者）を取り巻く生活環境、すなわち住民の大部分の貧困、病気と疫病、特に工場で頻発した事故は、彼らに例外的な社会活動領域に乗り出すことを余儀なくさせた。慈善は、一部には旧約聖書や新約聖書にその根拠を持っていて、それらの活動に宗教的な意味もまたあったとしても、むしろ工業発展の自然の結果であった」[12]。

そのような背景の中で、ポーランドにおいては1860年代頃から地主とインテリに並んで企業家の社会的、文化的活動が重要な役割を果たすようになってきた。それは個人活動の形をとることもあれば、多様な慈善的組織の形での社会活動、たとえば1877-85年のウッジ・キリスト教慈善協会 Lódzkie Chrzescijanskie Towarzystwo Dobroczynności といった団体としてのものもあった。そのような活動に熱心にかかわったドイツ人企業家には、ガイエルのほかに、シャイプラー、ヘルプスト、ハインツェル、ジルベルシュタイン等いる[13]。

1870年代以降のドイツ人工業家たちによる社会活動の核の1つは教育であった。特に職業学校の発展に対する彼らの関心が、多様な技術学校や商業学校の開設につながった。ウッジにはユダヤ人企業家による学校の数も多かったが、1899年設立の手工業・工業学校 Szkoła Rękodzielniczo-Przemysłowa は、先に述べたウッジ・キリスト教慈善協会のもとの職人学校 Szkoła Rzemyosł 同様にガイエル家の財政的援助を受け、同家はウッジの最初の工業学校である同校に9万ルーブルの寄付をしていた。一方で小学校の発展に関しては、企業家が自主的に設立した工場隣接の学校が重要な役割を果たした。ウッジには1876年以降に設立されたそのような学校が1914年に23校あり、そのうちの3校がシャイプラーの工場付設学校であった。学校以外にも、大きな工場のそばには膨大な蔵書からなる図書館が作られ（たとえば1885年のシャイプラーの工場）、それが地域の識字能力の発展にある程度役立ったし、読書によって知識を普及したウッジの教育協会「知識」Towarzystwo Oświatowe "Wiedza" の設立（1908年）に際しても、ドイツ人企業家の代表が加わっていた[14]。

ドイツ人企業家たちが熱心であったもう1つの分野は、医療部門であった。シャイプラーやハインツェル゠クニツェルの工場には併置された総合

病院があり、専門病院としては1902年設立の精神科病院 "Kochanówka" や1905年設立の「Anna Maria 小児科病院」があり、前者にはガイエル家が3万ルーブル以上を提供し、後者にはヘルプスト Herbst 家が20万ルーブル以上を寄付している。その他ドイツ人企業家たちによって、産婦人科施設、工場付設の託児所、老人ホームや障害者施設、それに慈善協会もしくは個人の援助を受けたさまざまな施設が設立・維持されたのである。[15]

さらにドイツ人企業家たちはさまざまな芸術活動に対しても支援している。美術愛好協会の設立（1862年）や個人による美術品のコレクションと展示の他、1910-11年の科学美術博物館 Muzeum Nauki i Szutki の設立に際しては、シュルツ Schltz 家やアイゼルト Eisert 家がその建設と維持に協力している。またウッジ音楽協会の50人編成のオーケストラは1900-05年にグローマン家から財政支援を受けていたし、大企業の中には自分のオーケストラをもつところもあり（シャイブラーは1897年、ハインツェル=クニツェルは1899年設立）、しばしばかなり高い芸術的水準に達していて、シャイブラーとクニツェルの企業のオーケストラは1901年10月6日にロシア皇帝ニコライ2世が来訪した折に御前で演奏している。演劇の分野ではウッジ・ポーランド演劇協会（1903年設立）にガイエル家が援助を与えていた。[16]

以上挙げた以外にも、1884-92年に発行されていた『ウッジ新聞』"Dziennik Łódzki" にヘルプスト家が資金援助をしていたり、サイクリング（ハインツェル Heinzel 家）、テニス（ビーデルマン Biedermann 家）、スケート、ボート等さまざまなスポーツ種目の普及にもドイツ人企業家は貢献していた。これらのスポーツのクラブは当初はエリート的な性格をもってはいたが、後にはより広い層の人々の活動につながるものであった。[17]

3 ユダヤ人企業家による社会的・文化的活動

最後に、ウッジの社会、文化生活の中におけるユダヤ人の貢献についても少し触れておこう。同時代人の眼には、ウッジの町は経済的な利益ばか

りをめざす、文化不毛な街に見えることもあったが、実際は厳しい政治状況にもかかわらず、そこに住む人々自身の手でこの町の社会面、文化面での近代化が進められていた。特に世紀半ばまでに重要な役割を果たし始めていたドイツ人企業家の活動と並んで、実はユダヤ人も、典型的な工業都市で住人の関心が経済問題に集中しがちなこの町の文化生活の組織化に大きな役割を果たしているのである。

たとえば、ウッジで最初の書店は1848年にユダヤ人グートシュタット Jankiel Gutsztadt が開いている。さらに1918年まで書店と出版社の多くはユダヤ人が経営していた。これらの出版社はポーランド語、イディッシュ語、ヘブライ語、ドイツ語およびロシア語の本や雑誌を刊行した。最も有名なユダヤ人出版者にはハンブルスキ Moszek i Mendel Hamburscy、ホッフベルク Saul Tewi Hochberg、カスマン Abram Baruch Kassman、ウゲル Jeszajahu Uger、カハン Lejzor Kahan およびクルコフスキ Leon Krukowski がいる。

また、19世紀と20世紀の境になるとウッジにはみごとな芸術世界が生まれたが、そこで重要な役割を果たしたのはユダヤ人の組織した芸術団体であった。ウッジ・ユダヤ人音楽・文学協会『Hazomir（ハゾミル）』łódzkie Żydowskie Towarzystwo Muzyczne i Literackie "Hazomir" とユダヤ人音楽・演劇協会『Harfa（ハルファ）』Żydowskie Towarzystwo Muzyczno-Dramatyczne "Harfa" でコーラスや楽団を作り、活発な公演や講演活動を行っていた。市民のための劇場については、まずドイツ人が1880年代に常設の劇場を建設し、ユダヤ人による劇場建設とその活動は20世紀初頭になってからであったが、1901年に市の大劇場が開設されるとその運営にあたるポーランド演劇協会 Polskie Towarzystwo Teatralne には有力なドイツ人企業家とともにユダヤ人企業家も会員となり、最初の会長にはドイツ人 Emil Geyer、そして副会長にユダヤ人の Maurycy Poznański が就任している。

教育の面では、ユダヤ人の初等教育を担ったのは、ユダヤ人のみが4歳もしくは5歳から9年間通う chedery（ユダヤ人小学校）という学校で、1861年には20校あり、一部に宗教教育を含むそこでの教育のおかげでドイ

ツ人やポーランド人よりもユダヤ人の識字率を高めていたが、この学校はもちろん公立校ではなかった。[22] ユダヤ人企業家のイニシアティブと財政支援のおかげで chedery を含めた宗教学校以外のユダヤ人の学校が発展したのである。19世紀60年代から第1次世界大戦までにウッジには12のchedery および職業学校いわゆる "Talmud-Tora" があった。ユダヤ人の教育の発展に特に貢献したのはコンシュタット Konstadt 家やヤロチンスキ Jarociński 家の基金をはじめ、ポズナンスキ Poznański、ジルベルシュタイン Silberstein、バルチンスキ Barciński、ヴルフソン Wulfson、ロゼンブラット Rosenblatt 各一族からの財政支援であった。なおユダヤ人の最初のギムナジウムは1912年に著名なラビで説教者のマクス・ブランデ Maks Braude のイニシアティブで設立されている。さらにユダヤ人たちは、ドイツ人やポーランド人と協力して20世紀の初めにポーランドの教育改革運動 inicjatywa oświatowa も支援している。またユダヤ人はポーランドの団体、特に中等教育支援協会「学校」Towarzystwo Popierania Szkół Średnich "Uczelnia" および最初のポーランドのギムナジウムを設立したE・オジェシュコヴァ教育協会 Towarzystwo Oświatowe im. E.Orzeszkowej のメンバーでもあった。[23]

4　企業家の活動とポーランド社会の近代化

　以上ドイツ人やユダヤ人企業家たちによってさまざまな社会・文化活動が展開されたことを見てきた。彼らが作った団体にはポーランド人も参加し、ドイツ人企業家が作る学校でポーランド人の子どもたちも学んだのである。彼らが行った諸活動は公的な生活の多くの分野を含んだものであり、彼らの資金提供や組織化のイニシアティブと努力、そして今日までも残るさまざまな施設や組織を考えれば、それは、ウッジの文化、教育、社会活動の永続的な基礎となって実を結んだものと考えることができる。ドイツ人企業家たちは、ウッジに定着して事業を展開し、みずからの夢を実現すると同時に、ポーランド近代経済社会の担い手となったのである。

「自分たちの伝統をもち、自身が勤勉であることを自覚して、自分たちの町を作った」のは、もちろんドイツ人ばかりではなかった。ウッジ市を作り上げたポーランド人、ドイツ人、ユダヤ人がそれぞれどのような相互関係を作りだしたかについては第3章でも見たが、重要なことは、彼らは、ウッジ市にこそビジネスチャンスがあるという共通の前提条件をもち、ウッジを第二の故郷として、自分たちをドイツ人、ユダヤ人という以上に「ウッジ人」と表現するような人々であったことである。さらにそこには、その多くが周辺農村からやってきた工場労働者であったポーランド人も含めることができる。

そもそも「すべての時期を通してここ（ウッジ市―筆者）には隣人としてポーランド人、ドイツ人、ユダヤ人、オーストリア人、チェコ人、フランス人が生活していた。これこそが多民族で、多宗教で、そして何よりも適度に寛容であったポーランド的な『約束の土地』のウッジであった」。もちろん、ウッジに民族的な対立や差別がなかったわけではなく、ドイツ人とユダヤ人が別々の組織を作ることも多く、自分たちを「ウッジ人」と呼ぶドイツ人やユダヤ人を、工場労働者であったポーランド人がどんな目で見ていたかは、人により、また時と場合によってさまざまであった。しかし、西欧諸国とはまったく異なった政治状況に置かれていた19世紀のポーランドの近代社会の形成と発展という問題を考える時に、この「ウッジ人」という感覚を通して、本章で示したウッジのドイツ人やユダヤ人企業家が果たした役割について評価することは重要であろう。

第2次世界大戦後社会主義国となったポーランドでは、ウッジの繊維工場はことごとく国有化されることになり、新しい企業の名称からはその創業者の名前が消されていった。同時に、19世紀のウッジの発展におけるドイツ人やユダヤ人企業家の貢献も公にはあえて無視され、彼らの名前も活動も人々の記憶から消え去っていった。しかし再び政治体制の転換したのちの1990年代から21世紀の初めにかけて、改めて19世紀のウッジのドイツ人やユダヤ人企業家たちの存在とその地域社会の発展における貢献が見直されつつある。序章や第4章で見たように、ウッジに定着してウッジ人となったドイツ人およびユダヤ人企業家たちの「19世紀ポーランドの企

業家」としての存在も、近代ポーランド社会の形成と発展に貢献した彼らによる社会的・文化的諸活動も、今日のウッジでは広く知られ、その重要性を認められるところとなっている。

〈注〉

1　M. Budziarek, *Łódzianie*, Literatura, Łódź, 2000, s. 5.
2　I. T. Berend, *Case Sutudies on Modern European Economy-Entrepreneurs, Inventions, Institutions*, London（Routledge）2013, p. 194.
3　本書第5章および藤井和夫、「19世紀の工業都市ウッジにおける民族的共生——多民族社会ポーランドの一側面」『関西学院大学　人権研究』第2号、2002年3月、6頁。
4　L. Skrzydło, Rody fabrykanckie, w M. Budziarek, L. Skrzydło, M. Szukalak, *Łódź nasze miasto*, Łódź, 2000, s. 85.
5　M. Szukalak, Miasto lodzermenschów, w M. Budziarek, L. Skrzydło, M. Szukalak, op. cit., s. 23.
6　L. Skrzydło, *Rody fabrykanckie*, Łódź, 1999, s. 27.
7　L. Skrzydło, op. cit., s. 28-30.
8　L. Skrzydło, op. cit., s. 30-33.
9　M. Budziarek, op. cit., s. 6.
10　L. Skrzydło, Rody fabrykanckie, w M. Budziarek, L. Skrzydło, M. Szukalak, *Łódź nasze miasto*, Łódź, 2000, s. 149.
11　M. Szukalak, op. cit., s. 29-35.
12　M. Budziarek, op. cit., s. 6.
13　S. Pytlas, Społeczna i kulturalna aktywność burżuazji Królestwa Polskiego, w S. Meller, red. *Pamiętnik XIV Powszechnego Zjazdu Historyków Polskich*, Toruń 1989, s. 259.
14　S. Pytlas, op. cit., s. 260-261.
15　S. Pytlas, op. cit., s. 262.
16　S. Pytlas, op. cit., s. 263.
17　S. Pytlas, op. cit., s. 264.
18　W. Puś, *Żydzi w Lodzi w latach zaborów 1793-1914*, Łódź, 1998, s.105-108.
19　W. Puś, Okres wielkiego rozwoju gospodarczego 1862-1914, w A. Machejek, *Żydzi Łódzcy*, Łódź, 2004, s. 27-28.
20　W. Puś, op. cit., s. 27-29.
21　W. Puś, *Żydzi w Lodzi w latach zaborów 1793-1914*, Łódź, 1998, s. 125.
22　W. Puś, op. cit., s. 143-145および W. Puś, Udział w życiu oświatowym i kulturalnym

miasta, w M. Koter, M. Kulesza, W. Puś, S. Pytlas, *Wpływ wielonarodowego dziedzictwa kulturowego Lodzi na współczesne oblicze miasta*, Łódź, 2005, s. 79.

23　W. Puś, Okres wielkiego rozwoju gospodarczego 1862-1914, w A. Machejek, *Żydzi Łódzcy*, Łódź, 2004, s. 29-30.

24　Budziarekはウッジを代表する人々として、ポーランド人、ドイツ人、ユダヤ人の神父や牧師、行政官や官吏、工場主や商人、社会活動家、ジャーナリスト、芸術家等多様な人々の例を挙げて、「今日のウッジは、彼ら共同の産物である」と述べている。M. Budziarek, op. cit., s. 5.

25　M. Budziarek, L. Skrzydło, M. Szukalak, *Łódź nasze miasto*, Łódź, 2000, s. 151.

結語

　われわれは独立国家を失うという政治的に特殊な状況にあった19世紀のポーランドに、新興都市ウッジを舞台として近代繊維工業が誕生してポーランド経済近代化の1つの核となったことを見てきたが、同時に産業都市として急速に成長するウッジ市は、ワルシャワやクラクフなどの伝統的な都市とはまた異なったポーランド社会近代化の1つの可能性を示すものでもあった。

　産業都市ウッジの成り立ちを振り返れば、分割支配下のポーランドに対する経済的停滞についての危機意識が初期ポーランド王国の工業育成策を生み、その結果ウッジに多民族性を特徴とする近代工業都市を作り出すことになった。シュラフタ（貴族）的な伝統をもたず、またワルシャワのような政治中枢の役割をもたなかったウッジは、巨大都市としてワルシャワとともにロシア領ポーランドのなかで突出した存在となったが、近代産業のダイナミズムをその都市発展の原動力とするとともに、その担い手の企業家たちの活動によって都市の骨格や表情が決定される存在でもあった。

　ウッジ市で繊維工業の成立と発展を共通の基盤にしながらそれぞれの形で定着していくポーランド人、ドイツ人、ユダヤ人の間には、多民族共存のひとつの側面として、利害と立場の違いから敵対と反発の関係も生まれたが、しかし一方で、自由で競争的な経済活動の中で、創意と工夫を通して財産と地位を築いていくという資本主義的な価値観を共有したことで、いずれの民族にとっても、ウッジ市にこそビジネスと人生のチャンスがあるという共通の前提条件が成立した。ウッジ市の繊維工業のさらなる発展

を実現すること、これがすべての民族に共通する生活をかけた目標となったのである。

　多民族性を背景とした企業家たちの、ウッジ市を「小さな祖国」（mała ojczyzna）と表現し、自らを「ウッジ人」（Lodzermensche, łodzianie）と称するメンタリティは、19世紀のポーランドでは多数派ではありえなかったが、ポーランドの近代社会の構成要素として重要な意味をもつはずである。ウッジ市に集まったドイツ人やユダヤ人を中心とする企業家たちは、試行錯誤を繰り返しながら優れた企業家精神や経営能力を発揮し、近代都市形成のプロセスの中で社会的・文化的側面を含めて重要な役割を担った。彼らは既存の経験やルーティンワークのみで企業活動を行ったわけではなく、当時のポーランド、そしてウッジの置かれた特殊な経営環境の中で、ある時期のポーランド王国政府や県知事たちと密接な関係を作り上げ、市場として重要なロシアとの商業的つながりを確保しつつ、好意的ではありえないロシア政府とも一定の関係を形成し、大量にこの都市に流入してくるポーランド人労働者たちの生活基盤の形成にも貢献しながら、経済的後進性を残したまま政治的独立を失うという困難で複雑な環境にある経済社会でリーダーシップを発揮して工業化を進展させ、ポーランドに新しい近代社会を拓いたのであった。

　19世紀のポーランドが、真の意味での国民国家の形成、近代産業社会の形成、近代市民社会の形成という3つの課題をもっていたとすれば、生まれたばかりで、しかも規模においてもテンポにおいてもほかに例のないほど急激な拡大を経験し、都市のインフラや環境の整備がまったく後手に回っていたウッジ市で、ポーランド人、ドイツ人、ユダヤ人の3つの民族が、ビジネスと都市生活の上で反発と競争と交流と連帯を繰り返しながら、ロシア政府への政治的な働きかけや日常の仕事上のコンタクトや労働者同士の交流を通じて、伝統的社会から近代的工業社会への転換を共通体験としてもち、この地に新しい文化を何者にもとらわれずに自由に形成し得たことは、ポーランドにとっては実に大きな意味をもった歴史的経験だったのである。

参考文献

Adamek, R., *Krusche, Ender, Kindler, Królowie bawełny w Pabianicach, XIX-XX w.*, Pabianice, 1998.
Badziak, K., Geneza i rozwój łódzkiego węzła komunikacyjnego (do 1914 r.), "*Rocznik Łódzki*," Tom XXI, Łódź, 1976.
Badziak, K., *Przemysł włókienniczy Królestwa Polskiego w latach 1900-1918*, (Acta universitatis lodziensis, Folia Historica 60), Łódź, 1979.
Badziak, K., Olejnik, L., i Pełka, B., *Grand Hotel w Łodzi 1888-1988*, Łódź, 2000.
Badziak, K., i Walicki, J., *Żydowskie organizacje społeczne w Łodzi do 1939 r.*, Łódź, 2002.
Baranowski, B. i Fijałek, J., red., *Łódź, Dzieje miasta*, t. I., Warszawa, 1980.
Barszczewska-Krupa, A., red., *Historia Polski XIX i XX wieku*, (Acta universitatis lodziensis, Folia Historica 63), Łódź, 1998.
Bartczak, M., *Scheiblerowie*, Łódź, 1999.
Bartoszewski, W., and Polonsky, A., eds., *The Jews in Warsaw. A history*, Oxford, 1991.
Berend, I.T., *Case Sutudies on Modern European Economy-Entrepreneurs, Inventions, Institutions*, London (Routledge), 2013.
Berkowicz, A., *Gayerowska Legenda*, Łódź, 1961.
Bocheńsi, A., *Wędrówki po dziejach przemysłu polskiego*, Cz. I, II, III, Warszawa, 1966, 1969, 1971.
Budziarek, M., *Lodzianie*, Łódź, 2000.
Budziarek, M., Skrzydło, L., Szukalak, M., *Łódź nasze miasto*, Łódź, 2000.
Dinter, H.S., *Dzieje wielkiej kariery, Łódź 1332-1860*, Łódź, 1965.
Dunin, J., *Moja Łódź, pełna książek*, Łódź, 2002.
Friedman, F., *Dzieje żydów w Łodzi, od początków osadnictwa żydów do roku 1863*, Łódź, 1935.
Giergielewicz, M., ed., *Polish civilization-Essays and Studies*, New York UP, 1979.
Ginsbert, A., *Łódź, Studium monograficzne*, Łódź, 1962.

Gojewski, M., *Urządzenia komunalne Warszawa, Zarrys historiczny*, Warszawa, 1979.

Ihnatowicz, I., Mączak, A., i Zientara, B., *Społeczeństwo polskie od X do XX wieku*, Warszawa, 1979.

Janczak, J., *Ludność Łodzi przemysłowej 1820-1914*, Łódź, 1982.

Jaskołowska, W. Rozwój stosunków mieszkaniowych w Łodzi przemysłowej (do 1914r.), "*Rocznik Łódzki*," Tom XVII (XX), Łódź, 1973.

Jaskulski, M., *Stare fabryki Łodzi*, Łódź, 1995.

Kempa, A., i Szukalak, M., *Żydzi dawnej Łodzi. Słownik biograficzny*, Tom I, Łódź, 2001.

Kobojek, G., *Księży Młyn, Królestwo Scheiblerów*, Łódź, 1998.

Kolodziejczyk, R., *Kształtowanie się burżuazji w Królestwie Polskim (1815-1850)*, Warszawa, 1957

Kolodziejczyk, R., *Bohaterowie nieromantyczni, O pionierach kapitalizmu w Kriólestwie Polskim*, Warszawa, 1961.

Kolodziejczyk, R., *Miasta, mieszczaństwo, burżuazja w Polsce w XIX w.*, Warszawa, 1979.

Kolodziejczyk, R., *Burżuazja Polska w XIX i XX wieku*, Warszawa, 1979.

Kolodziejczyk, R., red., *Dzirje Burżuazji w Polsce, Studia i Materiały*, Tom 1, 2, 3, Wrocław, 1974, 1980, 1983.

Kolodziejczyk, R., red. *Image przedsiębiorcy gospodarczego w Polsce w XIX i XX wieku*, Warszawa, 1993.

Komar, M., 'Powstanie i rozwój zakładów przemysłowych Ludowika Geyera.1828-1847.,' "*Rocznik Łódzki*," t. III, Łódź, 1933.

Koter, M., Kulesza, M., Puś, W., i Pytlas, S., *Wpływ wielonarodowego dziedzictwa kulturowego Łodzi na współczesne oblicze miasta*, Łódź, 2005.

Kostrowicka, I., Landau, Z., i Tomaszewski, J., *Historia gospodarcza Polski XIX i XX wieku*, Wud. III, Warszawa, 1978.

Kowalska-Glikman, S., red., *Drobnomieszczaństwo, XIX I XX wieku*, Tom I, II, III, Warszawa, 1984, 1988, 1992.

Kowalski, W., *Leksykon łódzkich fabryk*, Łódź, 1999.

Kula, W., *Historia gospodarcza Polski*, 1864-1918, Warszawa, 1947.

Kużko, W., *Łodzi węzeł kolejowy: 1859-1939, Przyczynek do historii kolejnictwa*, Łódź, 2005.

Landau, Z., i Tomaszewski, J., *Bank Handrowy w Warszawie S.A., zarys dziejów, 1870-1995*, Warszawa, 1995.

Leskieczowa, J., red., *Przemiany społeczne w Królestwie Polskim, 1815-1864*, Wrocław, 1979.

Leszczyński, Z., *Ochrona zdrowia robotników w Królestwie Polskim*, Warszawa, 1983.
Luxemburg, R., *Gesammelte Werke*, Band 1, Berlin, 1974.
Machejek, A., red. *Żydzi Łódzcy*, Łódź, 2004.
Machejek, A., ed., *The Poznański Family-Jewish entrepreneurs from Łódź*, Łódź, 2010.
Machejek, A., red., *Imperium Rodziny Poznańskich w Lodzi*, Łódź, 2010.
Malenczyk, J., *A guide to jewish Lodz*, Warszawa, 1994.
Mączak, A., red., *Encyklopedia historii gospodarczej Polski do 1945 roku*, Warszawa, 1981.
Meller, S., red., *Pamiętnik XIV Powszechnego Zjazdu Historyków Polskich*, Toruń, 1989.
Michowicz, W., red., *Wczoraj, dziś i jutro Lodzi*, Łódź, 1979.
Missalowa, G., *Studia nad powstaniem łódzkiego okręgu przemysłowego 1815-1870*, Tom I Przemysł, II Klasa robotnicza, III Burżuazja, Łódź, 1964, 1967, 1975.
Nietyksza, M., *Rozwój miast i aglomeracji miejsko-przemysłowych w Królestwie Polskim, 1865-1914*, Warszawa, 1986.
Pawlak, W., *Na Łódzkim bruku*, Łódź, 1989.
Pietrzak-Pawłowska, I., red., *Gospodarka przemysłowa i początki cywilizacji technicznej w rolniczych krajach Europy*, Wrocław, 1977.
Puś, W., Struktura własnościowa przemysłu włókienniczego Lodzi w końcu XIX w., "*Rocznik Łódzki*," Tom XVII(XX), Łódź, 1973.
Puś, W., Rozmieszcznie przemysłu włókienniczego w Królestwie Polskim w latach 1870-1900, *Zeszyty Naukowe Uniwersytetu Łódzkiego*, Nauki humanistyczno-spłeczne, seria 1, zeszyt 96, Łódź, 1975.
Puś, W., *Przemysł włókienniczy w Królestwie Polskim w latach 1870-1900*, (Acta universitatis lodziensis, Seria I, Nr 5), Łódź, 1975.
Puś, W., *Rozwój przemysłu w Królestwie Polskim, 1870-1914*, Łódź, 1997.
Puś, W., *Żydzi w Lodzi w latach zaborów 1793-1914*, Łódź, 1998.
Puś, W., i S. Pytlas *Dzieje Łódzkich Zakładów Przemysłu Bawełnianego im. Obrońców Pokoju «Uniontex» (d. Zjednoczonych Zakładów K.Scheiblera i L.Grohmana) w latach 1827-1977*, Warszawa, 1979.
Puś, W., i Liszewski, S., red. *Dzieje żydów w Lodzi 1820-1944, Wybrane problemy*, Łódź, 1991.
Puś, W., red., *Studia z historii społeczno-gospodarczej XIX i XX wieu*, Tom I, II, Łódź, 2003, 2004.
Pytlas, S., Powstanie i początki działalności zakładu przemysłu bawełnianego

Karola Scheiblera w Łodzi, *Zeszyty Naukowe Uniwersytetu Łódzkiego*, Nauki humanistyczno-spłeczne, seria 1, zeszyt 111, Łódź, 1975.

Pytlas, S., *Łódzka burżuazja przemysłowa w latach 1864-1914*, Łódź, 1994.

Raciborski, J., *Łódź w 1860 roku* (żródła), t. II, Łódź, 1931.

Radziszewska, K., red., *Niemieckimi śladami po «Ziemi Obiecanej»*, Łódź, 1997.

Rosset, E., red., *Włókniarze Łódzcy, Monografia*, Łódź, 1966.

Rynkowska, A., *Ulica Piotrkowska*, Łódź, 1970, reprint 2015.

Samuś, P., red., *Polacy-niemcy-żydzi w Łodzi w XIX-XX w.*, Łódź, 1998.

Scheibler, P., Ch. von, *Scheiblerowie w drodze do ziemi obiecanej*, Łódź, 2014.

Skrzydło, L., *Rody fabrykanckie*, I, II, Łódź, 1999, 2000.

Spodeniewicz, P., *Zaginiona dzielnica, Łódź żydowska, ludzie i miejsca*, Łódź, 1999.

Szram, A., *Inicjatywy budowlane I. K. Poznańskiego jako wyraz mecenatu artystycznego łódzkiego przemysłowca*, Łódź, 1998.

Śmiałowski, J., Położenie tkaczy-sukienników w okęgu łódzkim w świetle umów o nakład z lat 1826-1830, *Zeszyty Naukowe Uniwersytetu Łódzkiego*, Nauki humanistyczno-spłeczne, seria 1, zeszyt 5, Łódź, 1956.

Śmiałowski, J., Zajęcia pozarolnicze ludności wiejskiej w okresie kształtowania się stosunków kapitalistycznych (na przykładzie powiatów: sieradzkiego, kaliskiego, wieluńskiego i łęczyckiego), "*Rocznik Łódzki*," Tom XI(XIV), Łódź, 1966.

Śmiałowski, J., *Zarobkowanie pozarolnicze ludności rolniczej w Królestwie Polskim w lalach przeduwłaszczeniowych (1815-1864)* (maszynopis), Łódź, 1973.

Śmiałowski, J., Płace i zarobki pozarolnicze chłopów w Królestwie Polskim (1831-1864), "*Przegląd Historyczny*," Tom LXIV, 1973.

Tomaszewski, J., red., *Najnowsze Dzieje Żydów w Polsce*, Warszawa, 1993.

Topolski, J., *Prawda i model w historiografii*, Łódź, 1982.

Wandycz, P.S., *The lands of partitioned Poland, 1795-1918*, University of Washington Press, 1984.

Wojawski, M. Z., *100 lat łódzkich tramwajów*, Łódź, 1998.

Zientara, B., Mączak, A., Ihnatowicz, I., Landau, Z., *Dzieje gospodarcze Polski do roku 1939*,(wyd. III), Warszawa, 1973.

Ziomek, W., *Udział przedsiębiorstw żydowskich w przemyśle włókienniczym Lodzi w latach 1860-1914*, Acta universitatis lodziensis, Folia Historica 63, Łódź, 1998.

Żarnowska, A., *Klasa robotnicza Królesta Polsiego, 1870-1914*, Warszawa, 1974.

S. キェニェーヴィチ著、阪東宏訳『歴史家と民族意識』未来社、1989年。
J. A. シュンペーター著、清成忠男編訳『企業家とは何か』東洋経済新報社、1998年。
I. T. ベレンド／G. ラーンキ著、柴宜弘ほか訳『ヨーロッパ周辺の近代 ——1780～1914』刀水書房、1991年。
I. T. ベレンド／G. ラーンキ著、南塚信吾監訳『東欧経済史』中央大学出版部、1978年。
H. ボグダン著、高井道夫訳『東欧の歴史』中央公論社、1993年。
R. ルクセンブルク著、肥前栄一訳『ポーランドの産業的発展』未来社、1970年。
C. ロス著、長谷川真ほか訳『ユダヤ人の歴史』みすず書房、1966年。
J. ロスチャイルド著、大津留厚監訳『大戦間期の東欧 ——民族国家の幻影』刀水書房、1994年。
伊東孝之『ポーランド現代史』山川出版社、1988年。
伊東孝之／井内敏夫／中井和夫編『ポーランド・ウクライナ・バルト史』山川出版社、1998年。
伊東孝之／直野敦／萩原直／南塚信吾監修『東欧を知る事典』平凡社、1993年（萩原直監修『新版 東欧を知る事典』平凡社、2015年）。
中川敬一郎『比較経営史序説』東京大学出版会、1981年。
中山昭吉／松川克彦編『ヨーロッパ史研究の新地平 ——ポーランドからのまなざし』昭和堂、2000年。
原輝史／工藤章編『現代ヨーロッパ経済史』有斐閣、1996年。
阪東宏編著『ポーランド史論集』三省堂、1996年。
肥前栄一『ドイツとロシア』未来社、1986年。
福元健之「ロシア領ポーランドにおける労働者の動員をめぐる情勢 ——「工場社会」の観点から」『史林』97巻4号、2014年7月。
福元健之「党派間連帯の模索 ——ロシア領ポーランドの1905年革命」『西洋史学』257号、2015年6月。
福元健之「ワルシャワ・ポジティヴィズムの後継者たち ——地方医療における思想・組織・実践」『東欧史研究』39号、2017年3月。
福元健之「20世紀初頭ポーランドの衛生改革論 ——地方医師からみる」『歴史と経済』242号、2019年1月。
藤井和夫『ポーランド近代経済史 ——ポーランド王国における繊維工業の発展（1815-1914年）』日本評論社、1989年。
藤井和夫「ポーランドにおけるユダヤ人問題の一局面 ——19世紀ワルシャワの同化ユダヤ人を中心に」『関西学院大学 人権研究』創刊号、1998年3月。
藤井和夫「19世紀の工業都市ウッジにおける民族的共生 ——多民族社会ポーランドの一側面」『関西学院大学 人権研究』6号、2002年3月。

宮島直機編『もっと知りたいポーランド』弘文堂、1992年。
百瀬宏ほか『東欧』自由国民社、1995年。
矢田俊隆編『東欧史（新版）』山川出版社、1977年。
山田朋子『ポーランドの貴族の町 ——農民解放前の都市と農村、ユダヤ人』刀水書房、2008年。
山本俊朗／井内敏夫『ポーランド民族の歴史』三省堂、1980年。

◇人名索引

ア

アイゼルト Eisert　187
アイゼンバウム Antoni Eizenbaum　47
アイヒマン Eichman　96
アレクサンドル1世（ロシア皇帝）　18, 20
アンシュタット Karol Anstadt　129
アンシュタット Zenon Anstadt　165, 172
ヴァヴェルベルク Hyppolite Wawelberg　44, 53
ヴァックス Borys Wachs　132
ヴィエロポルスキ Aleksander Wielopolski　8
ヴィトコフスキ Józef Witkowski　172
ヴィトコフスキ K. Witkowski　74
ヴィネル Moszek Aron Wiener　124, 132
ヴィルチンスキ Maks Wilczyński　132
ウゥビェンスキ Tomasz Łubienski　8
H. G. ウェルズ　18
ヴェルトハイム Wertheim　53
ヴェルネル Werner　103
ヴェンディシュ Krystian Fryderyk Wendisch　94, 95, 99, 100, 110
ヴォイディスワフスキ Jakub Wojdysławski　124, 132
ヴォウォフスキ Jan Kanty Wołowski　48
ヴォリツキ Wolicki　8
ウゲル Jeszajahu Uger　188
ヴルフソン Wulfson　130, 189
エヴァンス Evans　167
エノッフ Juliusz Enoch　48
エプスタイン Jan Ebstein　52, 53
オストロフスキ Ostrowski　8
オセル Adam Osser　132
オルゲルブラント Samuel Orgelbrand　47, 49
オルディナンス Cwi Ordynans　121
オルディナンス Izrael Ordynans　121

カ

ガイエル Adam Geyer　110
ガイエル Eugeniusz Geyer　184
ガイエル Emil Geyer　165, 172, 184, 188
ガイエル Gustav Adolf Geyer　184
ガイエル Ludwik Geyer　94, 98, 99, 100, 103, 107, 110, 111, 112, 113, 114, 115, 116, 117, 124, 127, 154, 170, 174, 180, 183, 185, 186, 187
ガイエル Lobert Geyer　184
カスマン Abram Baruch Kassman　188
カハン Lejzor Kahan　188
キェニェヴィチ Stefan Kieniewicz　46
キシランスキ Wadysław Teodor Kisiel-Kiślanski　171
ギンスベルグ Ginsberg　130
グートシュタット Jankiel Gutsztadt　188
クニツェル Juliusz Knitzer　155,

165, 166, 181, 182, 187
クフィレツキ Kwilecki　8
クラ Witold Kula　4
クラシェフスキ Józef Ignacy Kraszewski　54
クリシンスキ Aleksander Krysiński　47
グリュックスベルグ Jan Glücksberg　49
クルコフスキ Leon Krukowski　188
グルスキ Ludwik Górski　152
クローネンベルグ Samuel Kronenburg　53
クローネンベルグ Leopold Kronenburg　7, 9, 44, 52, 53, 54, 56
グローマン Henryk Grohman　154, 165, 172, 174, 187
グローマン Ludwyk Grohman　103, 127, 185
グロスマン Aszer Grosman　121
グロスマン Samuel Grosman　121
ケルンバウム Kernbaum　130
コヴァルスカ゠グリクマン Stefania Kowalska-Glikman　3
コウォジェイチク Ryszard Kołodziejczyk　3, 5, 6, 7, 8, 9, 10, 85, 86, 87, 91
コーン M. Kohn　132
コカリル John Cockerill　94, 96, 115, 166
コシチューシコ Tadeusz Kościuszko　18
ゴストコフスキ Gostkowski　8
コピシュ Tytus Kopisch　94, 98, 99, 102, 154
コプチンスキ Onufry Kopciński　17
ゴルドフェデル Goldfeder　130
コンシュタット Herman Konstadt 129, 130, 185, 189

サ

ザイドゥレル Pinchas Zajdler　123
ザグルスキ Zagórski　8
ザッヘルト Zachert　102, 103
サピェハ Sapieha　8
サムエル　53
ザモイスキ Andrzej Zamoyski　8, 54
ザヨンチェク Józef Zajączek　94
シキェル Ezra Szykier　124
シミャウォフスキ Józef Śmiałowski　91, 100, 101, 148, 152, 155
シャイブラー Karol Scheibler　94, 95, 96, 98, 103, 126, 129, 154, 155, 170, 184, 186, 187
シュヴァルツマン Icchak Szwarcman　124
シュタルクマン Starkman　130
シュチェパノフスキ Stanisław Szczepanowski　7
シュルツ Schltz　187
シュレッサー Fryderyk Schlösser　96, 103
シュレンキェル Szlenkier　53
シュンペーター Joseph Schumpeter　86, 87, 88, 89, 98, 103
ジルベルシュタイン Markus Silberstein　132, 173, 186, 189
ズウォトニツキ Złotnicki　8
スターシツ Stanisław Staszic　8, 87, 93, 97
スタインケレル Piotr Steinkeller　4, 8, 9
スタジンスキ Starzynski　8
スティレル Stiller i Bielschowsky　132
ゼルコヴィチ Joachim Zelkowicz　121

タ

ダウン Fryderyk Wilhelm Daun 109
タンゲルマン Karol Tangermann 182
ダンティン Fryderyk Dantin 96
チャイコフスキ Julian Czajkowski 164
チャマンスキ Samuel Czamański 132
ツェギェルスキ Hipolit Cegielski 7
ティケル Benedykt Tykel 110, 111, 112
テプリッツ Toeplitz 53
ドゥニン Feliks Dunin 109
トゥルンク Chaim A. Trunk 124
ドブラニツキ Adolf Dobranicki 124, 129, 130
トポルスキ Jerzy Topolski 4
トレゲル Franciszek Traeger 185

ナ

中川敬一郎　89, 98
ナタンソン Selig Nathanson 49, 52, 53
ネヴァホヴィチ Leon Newachowicz 9
ネストゥレル Ferrenbach Nestler 172
ノイヴィル Karol Henryk Jozef Neuville 96
ノイフェルト Daniel Neufeld 47
ノイマン Neuman 130

ハ

ハインツェル Juliusz Heinzel 127, 165, 167, 170, 172, 186, 187
パストール Pastor 96
バルチンスキ Salomon Barciński 132, 173, 189
バルトキェヴィチ Zygmunt Bartkiewicz 75, 181
ハレル Adolf Harrer 92, 93, 98, 99
ハンブルスキ Moszek i Mendel Hamburscy 188
ビアレル Tobiasz Bialer 124
ビーデルマン Alfred Biedermann 165, 172, 187
ビーデルマン Robert Biedermann 103, 129
ヒルシュフェルト Bolesław Hirszfeld 49
ヒルシュベルグ Henryk Hirszberg 132
ヒルシュベルグ Jakub Hirszberg 132
ビルンバウム Edward Birnbaum 132
ファイトゥウォヴィチ Mosz Fajtłowicz 123
フィドレル Adolf Gotlieb Fidler 166
ブッツァ Nee Levi-Buzza 52
ブラトシェフスキ Bratoszewski 8
ブランデ Maks Braude 189
プルサク Abram Mojżesz Prussak 131
プルシャク Pruszak 8
ブルン Bulln 53
フレンケル Samuel Antoni Fraenkiel 52
ブロック Jan Bloch 4, 52, 53, 172
ヘベル Lewek Heber 123
ベルゲル Lejzer Berger 131
ヘルツ Mojzesz Herz 128, 129
ヘルプスト Herbst 186, 187
ヘンチェル Edward Hentschel 166

ポズナンスキ Izrael Kalmanowicz
　　Poznański　　124, 126, 127, 128,
　　130, 131, 132, 133, 154, 155, 173,
　　189
ポズナンスキ Zygmund Poznański
　　49
ポズナンスキ Maurycy Poznański
　　188
ポゼンブラット Szaja Posenblatt
　　124
ホッフベルク Saul Tewi Hochberg
　　188
ポテンパ Antoni Wilhelm Potempa
　　110

マ

マイエル Ludwik Meyer　　166, 185
マイ Karol Gottfried May　　110
マイゼル Eliasz Chaim Majzel　　124
マウァホフスキ Małachowski　　8
マムロス Ludwik Mamroth　　100
マルクスフェルド Markusfeld　　129
ミサロヴァ Gryzelda Missalowa
　　3, 145, 146, 148, 155
メイセルス Meisels　　44
メース Fryderyk Karol Moes　　96

ヤ

ヤクボヴィチ Judys Jakubowicz
　　52
ヤロチンスキ Stanisław Jarociński
　　130, 173, 189

ラ

ラインヘルツ Hersz Reinhertz
　　131
ラヴィッチ Rawicz　　53
ランゲ Jan Fryderyk Albert Wojciech
　　Lange　　93, 98
ランデ Dawid Lande　　131

リプスキ Lipski　　8
ルベツキ Franciszek Ksawery
　　Drucki-Lubecki　　8, 87, 97, 108
レイモント Władysław Reymont
　　181
レーヴェンスタイン Leo Lewenstein
　　53
レファン Rephan　　102, 103, 166
レンビェリンスキ Rejmund
　　Rembielinski　　8, 95, 99, 109,
　　110, 116, 119, 182
ローゼン Mathias Rosen　　52
ローゼンブラット Sz.Rosenblatt
　　132, 189
ロトヴァンド Stanisław Rotwand
　　53

◇事項索引

ア

アーヘン Aachen　96
アレクサンドゥルフ Aleksandrów　29, 127, 128
アンナ・マリア 小児科病院 Anna Maria　187
1月蜂起　18, 43, 45, 54, 70, 185
イディッシュ語　41, 121
ウィーン会議（ウィーン体制）　16, 17, 18, 19, 20, 108
ヴィゼフ Widzew　67, 149, 150, 168, 175
ヴウォツワヴェク Włocławek　121, 127
ウェンチツァ Łęczyca　121, 143, 163
ウッジ音楽協会　187
ウッジ・キリスト教慈善協会　173, 186
ウッジ市評議会 Rada Miejska　185
ウッジ商業銀行　168
ウッジ商人組合　128
「ウッジ人」Lodzermensche, Łodzianie　78, 102, 161, 174, 181, 183, 190
「ウッジ新聞」　187
ウッジ信用協会　171
ウッジ赤十字委員会　173
ウッジ・ファブリチュナ駅　164
ウッジ・ポーランド演劇協会　187
ウッジ・ユダヤ人音楽・文学協会「ハゾミル」Hazomir　188
ウトゥカ地区 Łódka　62, 163
E・オジェシコヴァ教育協会　189
オゾルクフ Ozolków　145, 165

カ

科学美術博物館　187
カトリック　9, 27, 39, 41, 42, 63, 73
カリシ Kalirz　93, 100, 102, 112, 141, 146
ガリツィア Galicja　21, 22
カロルフ Karolów　150
関税一体化（ロシアとの）　15, 133
祈祷所評議会　124
教育改革運動　189
教育協会「知識」　186
クヤーヴィ Kjawy　121, 127
クラクフ宣言　44
ゲットー getto　41
工業育成政策　15, 19, 61, 65, 107, 108, 109, 117, 127, 138
五月三日憲法　17, 18, 41, 42, 121
国民教育委員会　17, 18
コハヌフカ精神科病院 Kochanówka　187
コルシュキ Koluszki　164

サ

市域　138
ジーメンス・ハルスケ　171
シエラズ Sieraz　92, 144
シオニズム　49
実業　43
市電　165
11月蜂起　18, 19, 20, 44, 47
手工業・工業学校　186
シュテートル（ユダヤ人共同体）sztetl　41, 121, 124
シュラフタ szlachta　6, 9, 19, 39,

40, 76, 93, 97, 109, 147, 181
商業銀行 Bank Handlowy　130
商工委員会　171
商人銀行 Bank Kupiecki　130, 184
上部シロンスク Górny Śląsk　21
職人学校（ウッジ）Szkoła Rzemiosł　184, 186, 189
女子労働者　154
ズギェシ Zgierz　30, 74, 102, 121, 142, 145, 165
ズギェシ協約　74
ズドゥンスカ＝ヴォラ Zduńska Wola　29, 129, 142
聖アレクサンデル病院 Św. Aleksander　183
ソスノヴィェツ Sosnowiec　142

タ

「小さな祖国」mała ojczyzna　78, 79
チェンストホヴァ Częstochowa　142
中等教育支援協会「学校」Uczelnia　189
ドイツ語・ロシア語実業学校　128
都市化　23
トマシュフ＝マゾヴェツキ Tomaszów-Mazowiecki　30, 151
問屋制前貸 nakład　129, 131, 143

ナ

ノイゲルスドルフ Neugersdorf　95, 110, 111
ノヴェ・ミャスト地区 Nowe Miasto　62, 74, 128
農奴解放　16, 31, 42, 63, 66, 129, 130, 146, 152, 153, 175
農民の賃仕事　148

ハ

バウティ Bałty　67, 150
「白党」　54
ハスカラ　42, 43, 47
パビャニツェ Pabianice　30, 60, 114, 142, 145, 165
ピョトゥルクフ Piotrków　21, 29, 30, 60, 149
ピョトゥルコフスカ通り　100, 112, 163, 164, 165, 167, 168, 172
美術愛好協会　187
プシェドボシ Przedborz　93, 166
フランク派　46
フリーメイスン　93
フリーメイソン　53
プロテスタント　9, 27, 63, 73
「プロレタリアート」（政党）　49
「ブント」（政党）　49
ホイヌィ Chojny　67, 150
ポーランド演劇協会　188
「ポーランド銀行」Bank Polski　8, 9, 94, 95, 99, 107, 114, 115, 184
「ポーランド新聞」　54
ポーランド民主協会　44
ポグロム　41, 45
ポピュリスト運動　49

マ

前貸　105, 113, 114, 131
マゾフシェ県 Mazowsze　109, 111, 141
綿花飢饉　128

ヤ

「約束の土地」　77
ユダヤ人音楽・演劇協会「ハルファ」Harfa　188
ユダヤ人解放令　45, 63, 126, 130, 131

ユダヤ人共同体 gmina żydowska　49, 121, 124
ユダヤ人居住規制　121, 122, 123, 126
ユダヤ人居住区　67, 69, 123, 125, 127, 129
ユダヤ人慈善協会　124
ユダヤ人小学校 chedery　188
ユダヤ人職業学校 Talmud-Tora　189
『夜明け』（週刊誌）　47

ラ

ロキチヌィ Rokiciny　163, 164
ロシア関税圏編入　63, 133
ロシア商工支援協会ウッジ支部　170, 171

ワ

ワルシャワ工業家協会　54
ワルシャワ公国　18, 20, 52, 68, 93, 122, 127
ワルシャワ商人評議会　54
ワルシャワ融資銀行　129

【著者略歴】

藤井　和夫（ふじい・かずお）

1950年生まれ。関西学院大学経済学部、同大学院経済学研究科博士課程後期課程単位取得退学。1978-80年、1994年、2016年ポーランドに留学。1990年経済学博士（関西学院大学）。関西学院大学経済学部教授を務め、現在は関西学院大学名誉教授。専門はポーランド経済史・経営史。日本ポーランド協会関西センター代表。おもな著作に『ポーランド近代経済史――ポーランド王国における繊維工業の発展（1815-1914年）』（日本評論社　1989年）、『現代世界とヨーロッパ――見直される政治・経済・文化』（編著、中央経済社　2019年）。

関西学院大学経済学研究叢書　第34編

19世紀ポーランド社会経済史
ウッジにおける企業家と近代社会の形成

2019年9月25日初版第一刷発行

著　者	藤井和夫
発行者	田村和彦
発行所	関西学院大学出版会
所在地	〒662-0891
	兵庫県西宮市上ケ原一番町1-155
電　話	0798-53-7002
印　刷	株式会社クイックス

©2019 Fujii Kazuo
Printed in Japan by Kwansei Gakuin University Press
ISBN 978-4-86283-289-4
乱丁・落丁本はお取り替えいたします。
本書の全部または一部を無断で複写・複製することを禁じます。